AI와 프랑스 어문학

인공지능총서

인공지능 시대입니다. 기계가 인간의 인지를 대신하고, 사물이 인간을 통하지 않고 다른 사물과 직접 커뮤니케이션합니다. 이에 따른 인간 삶과 문명 변화를 정확히 이해·예측·대응하는 것은 이 시대 우리 모두의 과제입니다. 인공지능총서는 인공지능 기술과 환경의 여러 주제를 10가지 키워드로 정리합니다. 관련 개념과 이론, 학계와 산업계의 쟁점, 우리 일상의 변화를 다룹니다. 인간과 기술의 현재, 미래를 세심히 분석합니다.

일러두기

- 인명, 작품명, 저서명, 개념어 등은 한글과 함께 괄호 안에 해당 국가의 원어를 병기했습니다.
- 외래어 표기는 현행 어문규정의 외래어표기법을 따랐습니다.

처음이세요?

전문가세요?

AI와 프랑스 어문학

조준형

대한민국, 서울, 커뮤니케이션북스, 2025

AI와 프랑스 어문학

지은이 조준형
펴낸이 박영률

초판 1쇄 펴낸날 2025년 10월 23일

커뮤니케이션북스(주)
출판 등록 2007년 8월 17일 제313-2007-000166호
02880 서울시 성북구 성북로 5-11
전화(02) 7474 001, 팩스(02) 736 5047
commbooks@commbooks.com
www.commbooks.com

ISBN 979-11-430-1345-3 03500

책값은 뒤표지에 표시되어 있습니다.

차례

AI 시대 어문학의 정체성

영화 속의 AI

2008년 픽사 애니메이션 스튜디오가 제작한 영화 〈월-E〉는 인간이 버리고 떠난 쓰레기 천지인 지구에 홀로 남겨진 로봇 월-E에 관한 이야기다. 인간은 황폐해진 환경의 지구를 떠나 우주선 액시엄(Axiom)에서 생활하고 있다. 어느 날 월-E는 우주선 액시엄에서 내려온 로봇 이브를 만나게 되고, 이브를 따라 우주선 액시엄으로 향한다. 그리고 우리는 월-E의 시선을 따라서 우주선에 살고 있는 인간의 실상을 목격하게 된다.

AI에 의해 통제되는 우주선에서 인간은 편안하고 행복한 삶을 영위하고 있다. 외견상으로는 유토피아에서 살고 있는 것처럼 보이지만, 요람 모양의 의자에 앉은 인간은 육체적 활동뿐만 아니라 정신적 활동마저 상실한 채 그저 기계에 종속된 생물체로 보인다. 그 어디에도 인간의 존재 가치와 존엄을 찾아보기 어렵다.

영화 후반부에서 인간은 현재의 모습을 자각하고 주체를 의식하면서 버려진 지구에 다시 관심을 가지게 되지만, 그러한 의식의 전환은 로봇 월-E가 액시엄 우주선에 탑승하면서 발생하는 일련의 예상치 못한 사건에서 비롯된다. 만일 월-E가 우주선에 탑승하지 않았다면, 인간은 지구의 상황을 깨닫지 못한 채 기계에 의해 만들어진 유토피아에서 벗어나려는 의지를 갖지 못했을 것이다.

영화 〈터미네이터〉(1984)의 스카이넷은 인간의 의사와는 상관없이 인류를 보호한다는 판단 하에 인간을 지배하려고 한다. 영화 〈에이 아이〉(2001)와 〈그녀〉(2014)는 각각 인간이 되고자 하는 AI와 AI와 사랑에 빠지는 남자 주인공을 그려내고 있다. 이처럼 영화에서 AI는 인간의 가상적 연인이 되거나(〈그녀〉), 인간의 아이가 되거나(〈에이 아이〉), 오히려 인간을 지배하면서(〈터미네이터〉), 인간의 불완전성을 채우려 한다.

기계, AI 그리고 인간

SF 소설의 선구자로 알려진 아이작 아시모프(Isaac Asimov)는 자신의 작품에서 인간과 로봇의 윤리적 함의를 탐구하면서 '로봇 공학의 3원칙'을 제시하였다. 그중 가장 중요한 원칙이 '로봇은 인간에게 해를 가하거나, 행동하지 않음으로써 인간에게 해가 가도록 해서는 안 된다'는 것이다(아시모프, 1950).

그런데 〈그녀〉 혹은 〈에이 아이〉 등 일부 영화를 제외하면 영화 속의 AI는 인간을 구속하거나 지배하려고 하는 매우 부정적인 모습으로 묘사되는 설정이 많다. 이는 수익이 필요한 상업 영화의 한계일 수도 있다. 영화 제작사와 배급사의 입장에서는 막대한 투자금을 들여서 제작한 영화가 수익이 있어야 새로운 영화를 계속해서 기획할 수 있을 것이고, 이를 위해서는 관객을 끌어들일 만한 극적 요소가 필요하다.

영화적 상상은 우리가 첨단 과학의 결과물인 AI의 막강한 능력을 실제로 경험하면서 로봇 3원칙을 위배하는 AI가 등장할지 모른다는 두려움이 빚어낸 결과물일지도 모른다.

우리 사회에는 보편적 삶을 위한 여러 가지 규칙이 존재한다. 이러한 규칙이 준수될 때 인간은 삶의 안전을 보장받는다. 그렇지만 실상은 보편적 규칙이 무시되는 상황을 빈번하게 접하게 된다. 아무리 완벽해 보이는 규칙이라도 사회에는 다양한 변수가 존재해서 그만큼 불확실성이 높을 수밖에 없다. 인간은 긴 역사 속에서 체험한 경험을 바탕으로 예측하고 판단하면서 불확실성을 낮추려고 노력해 왔다. 영화 화면 속의 AI가 점차 우리의 일상으로 들어오고 있다. 현재 우리가 지금까지 경험하는

AI는 인간의 명령에 수동적으로 반응하는 유형이지, 영화에서 등장하는 주체적인 AI가 아니다. ChatGPT와 같은 생성형 AI(Generative AI)의 등장 이후, 우리는 불완전하지만, '주체적인 것처럼 보이는' AI를 조금씩 접하고 있다.

AI는 인간을 닮은 기계를 창조하고자 하는 의지에서 출발했다. 인간을 지배하고 인간을 구속하는 AI, 기계에 종속된 인간이 우리가 그리는 AI의 미래는 분명 아니다.

어문학과 인간의 다양성

필자의 뇌리에는 경상남도 하동에 위치한 소설 《토지》의 작가 박경리를 기념하는 〈박경리 문학관〉에서 본 "난 특별히 문학을 내 인생과 갈라놓지 않습니다. 내 인생이 문학이고 지금 문학이 내 인생입니다"라는 문구가 강하게 남아 있다. 작가의 문학관을 담은 이 담백한 문구는 문학의 본질을 가장 함축적으로 대변하는 글이 아닐까 한다.

문학은 단어들의 수학적 집합이 아니다. 그것은 작가가 언어 기호를 매개로 자신의 경험과 사유를 엮어낸 창작물이다. 작가가 살아온 인생의 여정이 서로 다르기 때문에, 같은 심상이라도 작가는 고유의 방식으로 이를 표상하게 된다.

언어학의 관점에서, 촘스키(Chomsky, 2002)는 모든 언어에 보편적으로 존재하는 심층 구조를 설명하고자 했다. 그렇지만 언어는 궁극적으로 소쉬르(Saussure, 1916)가 설명했듯이 사회적 합의에 기초한 기호 체계인 '랑그(langue)'와 개인의 구체적 발화인 '파롤(parole)'의 상호작용으로 형성된다. 즉, 언어는 한 사회에 속한 개인들의 상호 관계 속에서 끊임없이 생성되고 변화한다.

인간은 독립된 존재이면서도 다양한 유형의 관계 맺기 속에서 자신의 정체성을 형성한다. 따라서 언어를 매개체로 하는 어문학은 이러한 정체성의 주체들이 빚어내는 의사소통의 수단이자 산물이며, 획일화나 몰개성처럼 하나의 규범으로 규정하기 어려운 인간의 사유적·창조적 활동이다. 따라서 인문학적 사유가 배제된 기술 주도의 AI 발전은 지난 산업화가 가져온 인간소외와 불평등과 같은 부작용을 되풀이할 위험을 내포한다.

산업화와 인간성 상실

18세기 후반 1차 산업혁명(First Industrial Revolution)은 기계의 등장을 본격적으로 알리는 첫 번째 산업화 과정이었다. 인간과 동물의 노동력을 대체한 기계는 물품 생산 형태를 소규모 가내 수공업에서 공장의 대량 생산 체제로 바꾸고, 도시화 및 신흥 부르주아를 등장시켰으며, 증기 기관차에 의해 물류 유통이 원활해지는 등 산업 전반에 걸쳐 긍정적인 변화를 가져왔다.

그러나 산업혁명은 긍정적인 영향과 동시에 부정적인 결과도 초래했다. 대량 생산으로 인한 부의 축적이 일부 계층에 집중되면서 빈부 격차와 노동 착취 같은 사회적 불평등을 심화시켰다. 이와 함께, 기계에 의한 자동화된 생산 시스템은 인간소외와 같은 문제를 초래하기도 했다. 찰리 채플린(Charles Chaplin)의 1936년 영화 〈모던 타임즈〉에서 주인공은 빠르게 움직이는 컨베이어 벨트에서 나사를 조이는 작업을 기계적으로 반복하다가 결국 미쳐버리게 된다. 영화에서 인간은 마치 기계의 부속품처럼 물품 생산을 위한 도구로 전락한다. 인간의 행복을 위한 기술 진보가 오히려 인간성의 상실을 가져왔다(송재철, 2014; 윤희윤, 2007). 영화의 마지막 장면은 인간성의 회복을 위한 긍정적인 메시지를 남겨두지만, 실상 주인공이 이러한 희망을 되찾을 수 있었던 것은 다양한 사건 속에서 우연히 만난 한 소녀에 의해서다.

〈모던 타임즈〉에서도 〈월-E〉에서도 기계는 인간에게 도움이 되는 것으로 보인다. 표면적으로 그렇게 보이지만, 그 내면을 들여다보면 인간의 존재론적 문제를 다시 생각해 보지 않을 수 없다. 기계의 일부가 되어 버린 인간. 거기에는 개성이 없으며, 생각도 없다. 그저 개미 사육 키트의 개미나 어항 속의 물고기처럼 주어진 환경에 수동적으로 움직일 뿐이다.

19세기 후반부터 시작된 2차 산업혁명은 동력이 증기와 전기라는 차이가 있을 뿐, 1차 산업혁명처럼 기계에 의한 생산성 증대라는 공통 분모가 있다. 20세기 후반 3차 산업혁명은 앞선 산업혁명과 달리 '디지털' 혁명에 의한 사회적 변화라는 점에서 차별화된다. 그리고 그 영향은 앞선 산업혁명보다 훨씬 광범위한 영역으로 확장되었다(정태철, 2023).

디지털 텍스트 혁명

15세기 중반 구텐베르크(Gutenberg)의 금속활자 발명은 단순히 인쇄술의 발전을 넘어서 지식의 대량 보급, 종교 개혁, 민족주의 발현 등 당시의 유럽 사회에 혁신적 전환을 가져온 중대한 사건이었다(공병훈, 2016; 곽차섭, 2002). 특히 언어 영역에서는 유럽의 민중어들이 언어적으로 규범화될 수 있는 시발점이 되었으며, 문자 기반의 텍스트 문화가 정착될 수 있는 계기가 되었다

(Kukenheim, 1997).

컴퓨터와 인터넷은 텍스트 확산에 또 다른 변화를 불러일으켰다. 텍스트는 종이라는 물리적 매체의 틀을 깨고 디지털화되어 가상의 공간을 넘나들기 시작했다. 인터넷이라는 가상의 공간에서 실시간으로 대규모의 텍스트가 만들어지고, 누구나 작가가 될 수 있다. 텍스트의 생산과 전파에서 물리적 한계가 사라진 것이다. 인터넷이라는 열린 공간에서 우리는 개인 블로그에 잡다한 일상을 공개하기도 하고, 자신이 읽은 문학 작품에 대한 감상문을 쓰거나, 일정한 주제의 심도 있는 글을 싣기도 한다. 블로그라는 플랫폼이 요구하는 기본적인 원칙만 준수한다면 글쓰기에 어떠한 제약도 없다.

텍스트 형식과 글쓰기 플랫폼의 변화는 인간의 창작 활동을 높이는 계기가 되었으며(문학뉴스, 2025), 이에 따라 지식의 발전과 보급에 중요한 역할을 했다. 그런데 이러한 진보의 이면에는, 우리가 오늘날 직면하고 있는 또 다른 형태의 소외와 문해력의 위기가 내재하고 있음을 간과해서는 안 된다.

디지털 문맹

정보화 시대가 도래하면서 읽기와 쓰기의 방식이 디지

털로 전환되었다. 출판 서적은 전자 문서로 전환되는 것이 빈번해졌고, 연필과 같은 필기도구 대신 워드프로세서로 글을 쓰는 경우가 많아졌다. 학교도 선생님은 전자 칠판으로 강의하고, 학생은 노트북이나 태블릿으로 필기하는 디지털 교육 환경으로 바뀌고 있으며, 가게에서도 주문할 때 무인 단말기를 사용하는 등 사회 전반에 디지털 기술이 활용되고 있다.

사회 시스템이 디지털 환경으로 변화하는 것은 생활의 편리함을 가져오는 긍정적 측면이 있지만, 새로운 환경에 적응하지 못하면 오히려 소외될 수 있는 문제점이 있을 수 있다(주용완 외, 2011). 전자 문서, 워드프로세서, 전자 칠판, 태블릿, 무인 단말기는 생활의 편리함을 위해 만들어진 디지털 도구들이지만 이를 제대로 활용하기 위해서는 학습이 필요하다. 어렸을 때부터 이러한 도구에 익숙한 세대들은 큰 문제가 없지만, 기성세대 중에는 디지털 도구를 사용하는 데 어려움이 있어서 새로운 환경에 적응하지 못하는 경우가 빈번하다. 본 필자도 강의실에서 전자 칠판을 처음 접했을 때는 전자 칠판이 가진 장점에도 불구하고 익숙하지 않은 탓에 수업하는 데 상당한 불편함이 있었다. 그런데 이 시점에서 우리가 가장 고려해야 할 부분은 도구 사용법보다는 디지털 텍스트에 대한 접근성의 문제다.

한편, 인터넷은 글쓰기의 양적 증가를 가져왔지만, 익명성이 보장된 글쓰기도 함께 증가하면서 정보의 진실성 여부가 중요한 쟁점으로 부각되었다. 우리는 무수히 많은 디지털 정보 중에서 가치가 있는 것과 없는 것을 가려낼 수 있어야 한다. 그렇지 않으면 거짓 정보에 현혹될 수 있다. 진실한 정보라고 하더라도 지향하는 목표에 따라 체계적으로 분류할 필요가 있다. 따라서 디지털 텍스트 읽기는 전통적인 독서에 비해 보다 확장된 역량을 요구한다.

일반적으로 '문맹'은 글을 읽고 쓸 줄 모르는 상태를 가리킨다. 그러나 디지털 시대의 문맹은 언어 차원뿐만 아니라 디지털 도구의 사용, 디지털 데이터의 선별 및 가치 판단과도 연관된다.

생성형 AI의 글쓰기

ChatGPT가 등장하기 이전에 우리는 이미 생활 곳곳에서 인간의 행동에 반응하는 기계를 사용하고 있었다. 기가 지니(Giga Genie), 시리(Siri), 구글 어시스턴트(Google Assistant), 빅스비(Bixby)처럼 통신 · 디지털 서비스 기업에서 개발한 음성 기반 AI 어시스턴트는 음성 인식 기능을 활용해서 인간과 대화한다. AI 어시스턴트도 제한적이긴 하지만 대규모 언어 모델(large language model)에 기반한 학습으로 필요한 정보를 제공하거나 기능하는 실용적인 AI지만, 사물인터넷(IoT), 멀티미디어, 날씨와 뉴스 등의 생활 정보와 같은 특정 영역에 특화되어 있고, 답도 어느 정도 정형화되어 있다는 점에서 한계가 있다.

2022년 11월 공개된 OpenAI사의 ChatGPT를 비롯한 생성형 AI는 AI 어시스턴트의 한계를 넘어 전혀 새로운 기술을 보여주었다. 무엇보다도 생성형 AI의 창의적 글쓰기 기능은 인간의 글쓰기와 거의 흡사한 능력을 보여주면서, 특히 교육과 연구 분야에 큰 충격을 주었다. 학습 데이터의 규모가 커지면서 인간과 구별이 되지 않을 정도로 생성형 AI의 글쓰기 능력은 급속도로 진화하고 있다(AImatters, 2025).

대규모 언어 모델에 기반한 생성형 AI는 몇 가지 키워드를 제시하면, 시와 소설 같은 문학 작품을 창작하고, 학술 논문의 초안을 작성하며, 문법 오류나 문체를 수정하면서 글쓰기 교정자의 역할까지 수행한다. AI가 수동적인 역할에서 주도적인 역할로 변모하고 있다. 인문학과 교육 분야에서 생성형 AI의 등장에 민감한 반응을 보이는 이유는 바로 생성형 AI의 막강한 글쓰기 능력 때문이라고 할 수 있다.

AI의 인간화

최근 언론 보도에 따르면, 로마 사피엔차 대학(Sapienza Università di Roma) 연구진은 AI가 마치 감정을 가진 것처럼 인간이 생각하는 현상을 '누세미아(Noosemia)'라는 개념으로 정의하였다(지디넷코리아, 2025a). 그리스어로 '마음(noûs)'과 '기호(sêmeîon)'의 합성어인 '누세미아'는 인간과 AI의 교감이 우리의 일상에서 실제로 나타나고 있음을 보여주는 상징적인 용어라 할 수 있다.

영화 속 장면이 아니더라도, 일상에서 우리는 AI와 대화를 하는 장면을 자주 목격한다. AI 어시스턴트, 심지어 식당의 서빙 로봇에도 무의식적으로 반응하는 우리의 모습은 이제 흔한 일이 되었다.

AI와 닮아 가는 인간의 말투(지디넷코리아, 2025b)나 특정 AI 모델에 대한 애착(지디넷코리아, 2025c; 한국경제, 2025)을 다룬 신문 기사는 인간과 AI의 정서적 교감이 점차 심화되고 있음을 보여준다. 기술이 인간의 언어와 감정에 개입하고 있음을 드러내는 이러한 사회 현상은 우리가 기계에 종속되지 않도록 인간의 본질과 AI의 역할에 대해 인문학적으로 깊이 성찰해야 할 시점에 있음을 시사하고 있다.

AI와 프랑스 어문학

유럽 문명은 그리스와 로마 문명을 근간으로 한다. 그리스와 로마의 철학, 문학, 예술, 건축은 오랜 기간 유럽 각국의 정신과 문화에 많은 영향을 끼쳤고, 언어적으로도 특히 라틴어는 로망스어군의 모태가 되었다. 고대 문명의 전통 속에서 인문학은 철학, 수사학, 문학을 중심으로 발전하였고, 이런 인문주의적 사고는 기계에 의한 형식적인 분석에 거부감을 가졌다. 프랑스는 이러한 고대 문명 전통의 중심을 이루는 국가 중 하나이며, 유럽 인문학 전통의 색이 짙게 배어 있는 국가다.

20세기 중반 디지털 기술의 발전과 함께 프랑스 어문학에서도 새로운 변화가 나타났다. 컴퓨터와 인터넷의 보급 이후 통계 언어학, 전산 언어학, 코퍼스 언어학, 자동 번역 등 디지털 기술과 언어학이 결합된 분야가 주목받기 시작하였으며, 문학에서도 프랑스 소설가의 작품을 계량적으로 분석하려는 시도가 이루어졌다. 최근 AI의 등장은 기존의 디지털 기술과 결합하여 연구의 폭을 확장하는 계기가 되었다. 그렇지만, 프랑스는 디지털 기술을 기술 중심이 아닌, 인문학적 연구의 지평을 넓히는 수단으로 삼고자 하였다.

최근 수년간 프랑스 정부는 AI 연구 개발, 윤리적 규범 정립, 교육 및 산업 적용에 이르기까지 전방위적인 정책을 수립하고, 학계 및 산업계와의 연계를 통해 기술적·사회적 기반을 구축하고자 하는 주도적 노력을 전개하고 있다. 그뿐만 아니라 프랑스는 인문학 전통과 연계된 비판적 성찰을 바탕으로 인식론적, 윤리적, 사회문화적 함의를 사유의 대상으로 삼으며, 철학적·제도적 담론을 동시에 선도하고자 하고 있다.

이러한 관점에서 AI와 관련된 프랑스 정부, 학계, 교육 그리고 국내 프랑스학 관련 연구 동향을 종합적으로 검토하는 작업은 기술 주도의 AI 발전에 관한 인문학적 성찰의 한 사례가 될 수 있다. 이 책은 프랑스, 프랑스 어문학, 프랑스어 교육과 관련된 10가지 주제를 중심으로 AI의 쟁점을 고찰한다. 이를 통해 인문학의 시각에서 AI의 가치와 역할을 재조명하고, 프랑스 어문학 연구자와 교수자가 지녀야 할 핵심 역량이 무엇인지를 모색해 보고자 한다.

참고문헌

공병훈(2016). 《구텐베르크, 지식혁명의 방아쇠를 당기다》. 세계와나.

곽차섭(2002). "인쇄술은 르네상스와 종교개혁 이끈 문화적 대사건: 구텐베르크 인쇄혁명이 세계사에 미친 영향". 《출판저널》, 316, 8~9쪽.

문학뉴스(2025.5.27). "평론은 가깝고 실천이 멀다면?". https://www.munhaknews.com/news/articleView.html?idxno=80022

송재철(2014). "산업화, 기계화, 자동화, 〈모던 타임스〉… 그리고 찰리 채플린". 《산업보건》, 22~25쪽.

윤희윤(2007.5.30). "인간을 위해 만든 기계가 인간을 지배한다고?: 영화와 논술-기계 만능주의와 인간소외 '모던 타임즈'". 조선일보. https://www.chosun.com/site/data/html_dir/2007/05/30/2007053001247.html

정태철(2023.9.11). ""한국은 지금 신(新)대중사회(1)": 비이성적 헤게모니 위기 상황이 신대중사회 초래". 시빅뉴스. http://www.civicnews.com/news/articleView.html?idxno=35783

주용완 외(2011). "인터넷 접근과 활용에서의 디지털 격차". 《한국산학기술학회논문지》, 12(12), 5601~5613쪽.

지디넷코리아(2025a.8.7). ""진짜 사람 같은데?" … 사람들은 왜 챗봇에 '마음 있다'고 느낄까". https://zdnet.co.kr/view/?no=20250807191459

지디넷코리아(2025b.8.8). "챗GPT 때문에 사람들 말투 바뀌고 있다… 일상 대화에서 '이 단어' 사용 급증". https://zdnet.co.kr/view/?no=20250808211801

지디넷코리아(2025c.8.11). "샘 알트만 'GPT-4o 없앤 건 실수'··· 사용자 애착 현상 우려". https://zdnet.co.kr/view/?no=20250811214059

한국경제(2025.8.13). "GPT-5가 부른 상실감··· 왜 사람들은 상처받는가?". https://www.hankyung.com/article/202508125938i

AImatters(2025.7.16). "이제 인간과 구별 불가··· 인간 글과 100% 똑같아진 AI 'LLaDA' 등장". https://aimatters.co.kr/news-report/ai-report/26606/

Asimov, I.(1950). *I, Robot*. Gnome Press. 김옥수 옮김(2008). 《아이, 로봇》. 우리교육.

Chomsky, N.(2002). *Syntactic Structures*. Mouton de Gruyter.

Kukenheim, L.(1966). *Esquisse historique de la linguistique française et de ses rapports avec la linguistique générale*. E. J. Brill. 김현권 옮김(1997). 《불어학사와 일반언어학사》. 한국방송대학교출판부.

Saussure, F. de.(1916). *Cours de linguistique générale*. Payot.

01
AI와 어문학의 위기와 상생

생성형 AI의 등장은 사회 전반에 걸쳐 다양한 변화를 가져왔다. 특히 AI의 뛰어난 글쓰기 능력은 어문학 분야에 학술적 · 교육적 위기의식을 고조시켰다. 생성형 AI의 등장으로 나타난 어문학 분야에서의 위기감과 이를 극복하기 위한 우리의 자세를 고민해 본다.

기후 위기와 인공지능?

인문학의 위기

인문학은 인간의 삶과 사유를 총체적으로 고찰하는 학문으로 철학, 역사, 예술, 종교, 언어, 문학 등 인간의 정신적 · 문화적 활동 전반을 탐구의 대상으로 삼는다. 따라서 인문학은 인간을 이해하기 위한 기초 학문으로서 매우 중요한 존재 가치를 가진다.

그러나 오늘날 과학 기술의 급속한 발전과 함께 실용주의적 가치관과 자본주의 논리가 팽배해지면서 사회 전반에 걸쳐 인문학의 위축이 두드러지고 있다. 특히 대학에서 나타나는 인문학 관련 학과의 축소 및 폐과 현상은 인문학의 위상이 낮아지고 있음을 보여주는 대표적인 사례다. 인문학의 위기는 단순히 학문적 위기로만 볼 수 없다. 종교 중심의 사회였던 중세 시대를 제외하면, 그리스 · 로마의 고대 시대부터 우리 사회는 인간 중심의 사회였다. 그런데 18세기 후반 시작된 산업혁명은 인간 사회에 많은 혜택을 가져온 것이 분명하지만, 다른 한편으로는 인간소외와 노동 문제와 같은 부작용을 낳기 시작했다. 여러 차례의 산업혁명으로 기술이 발전하면서 인간의 삶이 윤택해졌지만, 자본과 정보의 독점화 현상이 나타나면서, 계급 간의 갈등과 윤리 문제, 부의 편중과 같은 사회 문제가 심화되기도 하였다. 〈모던 타임즈〉의 몰개성과 포드주의(Fordism), 디지털 중독 등은 산업혁명으로 나타난 인간소외의 대표적 사례들이다(송재철, 2014; 윤희윤, 2007).

국내 학교 교육 과정을 들여다보면, 입시 위주의 교육에 몰입되면서 인성 교육은 뒷전이 되는 듯하다. 학생 개인의 성향은 무시되고, 취업과 부의 축적에 유리한 학과만이 목표가 되면서, 그로 인해 인문학 관련 학과는 점차 소외되고 있다. 정부의 교육 정책과 재정 지원도 대부분 첨단 학과나 취업에 유리한 학과에 편중되어 있고, 인문학은 상대적 박탈감을 겪고 있다. 물론 불확실한 미래와 더 나은 삶을 위한 학생들의 현실적인 고민을 생각하면 특정 분야에 대한 선호도가 높아지는 것은 자연스러운 현상이다. 그러나 인간의 가치에 대한 최소한의 고민이 없다면, 우리가 그리는 미래는 기술과 효율성만이 지배하는 비인간적인 세계가 될 위험이 있으며, 인간은 주체가 아닌 도구로 전락하고 말 것이다.

언어, 인간의 고유한 자질

언어는 인간 고유의 의사소통 수단으로 고대 시대부터 언어 연구는 인간의 본질을 연구하는 핵심적인 수단이었다(Kukenheim, 1997). 20세기 구조주의 언어학의 선구자인 소쉬르는 인간이 가진 언어 사용의 잠재적 능력인 '랑가주(langage)'는 사회적 합의에 의한 기호의 규칙 체계인 '랑그(langue)'와 개인의 구체적 발화 행위를 가리키는 '파롤(parole)'로 구분된다고 하였다(Saussure, 1916). 각 개념은 상호보완적으로 '파롤'은 '랑그'의 규칙 체계 속에서 작동하고, 반대로 '파롤'은 '랑그'에 영향을 미칠 수 있다. 즉, 언어는 관습적 규칙, 즉 사회 시스템에 의해서 가치를 가진다(Saussure, 1916).

또한 소쉬르(1916)는 언어 기호는 음성적 실체인 '시니피앙(signifiant)'과 음성으로 연상되는 개념인 '시니피에(signifié)'로 구성되며, 둘 사이의 관계는 자의적인 관계, 다시 말해서 우연적인 관계라고 말했다. 따라서 언어는 사회적인 관계에서 인간의 인지적 · 정신적 작용을 표상하는 수단이라고 할 수 있다.

그런데 대규모 언어 모델을 기반으로 하는 생성형 AI의 등장은 수준급의 글쓰기 능력을 보여주면서 언어가 더 이상 인간만의 고유한 영역이 아닐 수 있다는 점을 시사하였다.

어문학의 위기

어문학은 인문학 중에서 생성형 AI의 등장과 함께 가장 많은 영향을 받은 분야라고 할 수 있다. 어문학은 인간의 언어와 문학을 탐구하는 분야로 언어학, 문학, 번역학, 문화학 등이 주요 연구 분야다. 언어학은 인간 언어 자체를 연구 주제로 하고 있으며, 문학은 언어를 통해서 개인과 세계를 표현하며, 번역학은 언어 간의 이동을 연구하고, 문화학은 언어와 문학을 매개로 사회 · 문화 현상을 살펴본다. 세부적으로 접근법과 대상은 다르지만, 이 모든 학문 분야의 공통된 기반은 바로 언어다. 인간은 고유의 언어로 세계를 이해하고 의미 체계를 구축한다.

생성형 AI가 처음 대중에게 공개되었을 때 가장 충격적이었던 것은 바로 기계가 인간처럼 글을 쓸 수 있다는 점이었다. 기존의 기계들과 달리 생성형 AI는 인간처럼 창의적인 글쓰기를 하고, 심지어 인간보다 더 나은 수준의 글쓰기 능력을 보인다.

번역학은 가장 직접적인 영향을 받은 분야였다. 1940년대 말 암호학자 워렌 위버(Warren Weaver)에 의해 기계 번역 규약이 만들어지고, 최초의 번역 기계인 미 공군 자동 언어번역기(코드명 Mark I)의 탄생과 1960년대 규칙 기반 기계 번역(Rule based machine translation)이 등장했을 때, 조악한 번역 결과물 때문에 자동 번역에 대한 시각은 매우 부정적이었다(Fuchs, et al., 1993;

Loffler-Laurian, 1996). 그러나 1980년대 용례 기반 기계 번역(Example-based machine translation)과 1990년대 통계 기반 기계 번역(Statistic machine translation)을 거쳐 2010년대 딥러닝에 기반한 신경망 기계 번역(Neural machine translation)의 등장은 번역 실무자와 번역학 연구자에게 심각한 위기감을 가져왔다. 더욱이 생성형 AI는 발전된 인공신경망 딥러닝 모델인 트랜스포머(transformer)와 창의적 글쓰기 능력을 동시에 갖추면서 이러한 위기감을 고조시켰다.

번역학 분야뿐만 아니라, 언어 교육, 심지어 문학에서도 생성형 AI는 논쟁의 중심이 되었다. 특히 문학은 단순한 문어 텍스트가 아니라, 인간의 정신 작용이 미학적으로 구현된 결과물이다. "한 사람이 작가가 되는 것은 어떤 것을 말할까를 선택했기 때문이 아니라, 그것을 어떤 방법으로 말할까를 선택했기 때문이다"(Sartre, 1948). 이처럼 문학은 단순히 단어들을 조합시키는 것이 아니라, 인간, 정신, 세계가 연결된 복합적인 사유를 구현한 담화다. 생성형 AI의 글쓰기, 그것은 인간의 그것처럼 행동하는 것이고, 마음을 표상하는 것인가? 이에 대한 문답이 어문학의 위기를 극복할 수 있는 하나의 해결책이 될 수 있다.

디지털 시대 어문학의 책무

21세기는 AI의 발전과 함께 전례 없는 변화를 겪고 있다. 대규모 언어 모델을 기반으로 한 생성형 AI는 언어 능력부터 사고 양식까지 인간의 창의적 활동을 부분적으로 대체할 수 있다는 가능성을 제시하면서 학문 전반에 중대한 도전과 질문을 던지고 있다. 우리가 더 이상 회피할 수 없는 시대적 현상이며, 인문학 그리고 어문학은 이러한 기술적 진보 앞에서 정체성과 역할에 대한 근본적인 성찰을 요구받는다.

커즈와일(Kurzweil, 2005)은 "미래에 기술 변화의 속도가 매우 빨라지고 그 영향이 매우 깊어서 인간의 생활이 되돌릴 수 없도록 변화되는 시기"를 '특이점'이라고 정의한다. 그는 기계가 인간 지능을 초월하는 순간, 즉 '특이점'이 오는 순간 인간과 기계는 융합되어 새로운 진화를 이루게 될 것으로 예측하며, 기술에 대해 매우 낙관적인 시각을 표명한다. 그러나 동시에 이 견해는 인간과 기계의 역할, 인간의 정체성, 인간 주체의 역할에 대한 다른 학자들의 비판도 가져왔다. 이러한 비판이 곧 우리가 AI 시대에 인문학과 어문학의 정체성을 다시 생각해 봐야 할 단초를 제공한다.

현재 연구와 교육에서 '융합'이라는 개념이 강조되고

있다. 어문학 분야에서도 문헌 및 문화 지식의 디지털화와 분석을 위해서 디지털 도구를 활용하고 있으며, 대학에서도 다양한 마이크로디그리(microdegree) 과정을 만들어 학제 간 융합 교육을 장려하고 있다. 이처럼 디지털 기술의 발전은 어문학 연구의 방법론과 연구 주제의 확장을 가져오고, 학생들의 융합 역량을 성장시키는 토대가 되었다. 기계 번역은 더 이상 번역 실무자와 학자들의 적이 아니며, 실제로 통번역 관련 대학에서는 기계 번역과 컴퓨터 지원 번역(Computer assisted translation) 도구와 같은 디지털 도구 활용을 정규 교과 과정에 도입하고 있는 것이 현실이다.

낙관적 기술주의를 경계해야 하지만, 이를 일방적으로 부정하거나 비판할 필요는 없다. 물리적 능력만을 고려한다면 기계는 분명히 인간을 능가한다. 그러나 기술의 진보는 언제나 철학적, 정신적 성찰이 동반되었다. 생성형 AI의 창의적 글쓰기도 궁극적으로 인간의 심층적인 성찰에 기반한 글쓰기를 학습한 결과다. 따라서 AI의 기술적 성과는 목적이 아니라 인간성을 확장하는 수단이어야 하며, 인문학과 어문학은 그 방향성을 제시하는 길잡이 역할을 해야 한다.

참고문헌

송재철(2014). "산업화, 기계화, 자동화, 〈모던 타임스〉 … 그리고 찰리 채플린". 《산업보건》, 22~25쪽.

윤희윤(2007.5.30). "인간을 위해 만든 기계가 인간을 지배한다고?: 영화와 논술-기계 만능주의와 인간소외 '모던 타임즈'". 조선일보. https://www.chosun.com/site/data/html_dir/2007/05/30/2007053001247.html

Fuchs, C. et al.(1993). *Linguistique et traitements automatiques des langues*. Hachette.

Kukenheim, L.(1966). *Esquisse historique de la linguistique française et de ses rapports avec la linguistique générale*. E. J. Brill. 김현권 옮김(1997). 《불어학사와 일반언어학사》. 한국방송대학교출판부.

Kurzweil, R.(2005). *The singularity is near: When humans transcend biology*. Loretta Barrett Books. 김명남·장시형 옮김(2007). 《특이점이 온다: 기술이 인간을 초월하는 순간》. 김영사.

Loffler-Laurian, A.-M.(1996). *La traduction automatique*. Presses universitaire du Septentrion.

Sartre, J.-P.(1948). *Qu'est-ce que la littérature?*. Gallimard. 정명환 옮김(1998). 《문학이란 무엇인가》. 민음사.

Saussure, F. de.(1916). *Cours de linguistique générale*. Payot.

02
프랑스의 AI 정책

유럽은 2014~2020년까지 7년간 AI 및 로봇 공학 등 과학 기술 연구 및 혁신을 위한 Horizon 2020 프로젝트를 추진했다. 프랑스 정부와 여러 산하 기관에서도 AI 분야에서 주도권을 확보하기 위해 사회 전반에 걸쳐 과감한 투자와 혁신을 추진해 왔다. 이러한 과정에서 프랑스는 기술 우위만의 편향된 발전이 아닌 인간과 AI가 공존할 수 있는 균형 잡힌 개발을 강조하고 있다.

노래하는 AI 보컬?

프랑스의 AI 관련 정책 개념

2017년 한국정보화진흥원에서는 같은 해 프랑스 국가디지털위원회와 프랑스 전략연구소의 공동 보고서 《인공지능의 경제적 · 사회적 영향 전망(Anticiper les impacts économiques et sociaux de l'intelligence artificielle)》을 요약 · 정리한 특별 보고서를 발간했다(현성은, 2017). 프랑스의 공동 보고서는 AI와 관련된 프랑스의 정책 현황과 연구 개발 사례 그리고 관련 연구 동향을 담고 있다.

현성은(2017)에 따르면, 프랑스의 공동 보고서는 다음과 같은 쟁점들에 대한 정책적 연구의 필요성에 따라 작성되었다.

첫째, 공공 정책을 통해 AI를 수반한 변화에 따른 경제적 · 사회적 측면에 대한 종합적인 분석 필요성 제기.
둘째, AI와 인간이 공존할 수 있는 구조를 만들기 위한 사회적인 시스템 마련의 필요성 강조.
셋째, 국가디지털위원회는 인간을 통한 노동의 가치와 직업의 전환에 대한 분석과 개발 수행.
넷째, 프랑스 전략연구소는 '인공지능 국가전략' 수립.

프랑스의 공동 보고서는 경제적인 측면에서 AI는 생산성 향상과 부가가치 창출 및 증대에 큰 영향을 미칠 것이 분명하지만, 직업 및 업무 영역의 변화를 수반하고, 디지털 경제 개발이 특정 기업에 편중될 수 있으며, 프랑스 자국 내 지역 불균형 및 대도시 특혜 문제가 발생할 가능성이 있는 등 사회 전반에 걸쳐 막대한 영향을 미칠 수 있다고 경고한다. 따라서 이러한 위험을 불식하기 위해 AI의 사회 · 경제적 영향을 예상하기 위한 협의체를 구성하고, AI를 통한 평생교육의 개선 및 교육 기관이 필요하며, 인간과 기계의 상호 보완성 고려 및 대체 가능성을 고려할 필요가 있다고 공동 보고서는 권고하고 있다(현성은, 2017).

프랑스의 AI 전략 수립 과정

유럽은 2014~2020년까지 7년간 약 800억 유로를 투자하여 Horizon 2020 프로젝트를 추진했다. 이 프로젝트는 유럽 차원에서 AI, 로봇 공학 등 과학 기술 연구 및 혁신을 위한 연구 개발을 지원하기 위해 추진됐다.

2014년 프랑스 고등교육연구부(Ministère de l'Enseignement supérieur et de la Recherche)는 유럽의 Horizon 2020 프로젝트의 일환으로 독자적인 France

2020 정책을 마련하였다(프랑스 고등교육연구부, 2025). 이어 2015년에는 프랑스 국립연구청(Centre National de la Recherche Scientifique)이 국가연구전략(Stratégie nationale de recherche)을 제시하면서, 일찍부터 향후 AI의 경제적 · 사회적 파급 효과가 늘어날 것에 대비한 연구 개발 투자를 강화해 왔다.

그리고 프랑스 정부는 2018년에 프랑스를 유럽 및 세계 AI 선도국으로 만들고자 국가 AI 전략(stratégie nationale pour l'intelligence artificielle, SNIA)을 수립했다. SNIA는 수학자이자 국회의원이었던 세드릭 비야니(Cédric Villani)의 2018년 정책 보고서를 기반으로 하고 있으며, 프랑스 경제 · 재정 · 산업 및 디지털 주권부(Ministère de l'Économie, des Finances et de la Souveraineté industrielle et numérique)를 중심으로 추진되었다. SNIA의 주요 단계는 다음과 같다.

1단계(2018～2022) : 프랑스 AI 연구 역량 강화. 약 15억 유로의 예산 투자. AI 연구소 네트워크 구축. 180개 우수 교수직 및 300여 개 박사 과정. 슈퍼컴퓨터 Jean Zay 구축.

2단계(2021～2025): 산업 전반에 AI 기술 적용. 약 10억 유로의 예산 투자. 딥 테크(Deep Tech) 분야 공급 지원. 인재 양성과 유치. AI 솔루션의 수요와 공급 간의 연계 강화.

이러한 전략 하에 프랑스 정부는 2025년까지 매년 4만~10만 명 학생 교육 및 200편의 박사 논문 재정 지원을 통한 우수 인재 양성, 글로벌 인재 유치, 그리고 임베디드 AI(embedded AI) 분야의 세계 시장 점유율 10~15% 확보, 400개의 중소기업에 AI 솔루션 도입 지원을 목표로 하고 있다.

프랑스 인공지능위원회 보고서

2024년 프랑스 인공지능위원회(Commision de l'intelligence artificielle)의 보고서 《AI : 프랑스를 위한 우리의 야망(IA : notre ambition pour la France)》도 이미 인간 사회에 깊숙이 들어와 있는 AI에 대해 프랑스가 독자적으로 마련한 전략과 첨단 기술 발전 수용에 대한 인문주의적 시각을 담고 있다.

이 보고서에서 인공지능위원회는 AI가 현재 우리가 직면하고 있는 기술 혁신이며, 사회 모든 영역에 영향을 미치며, 앞으로 그 영향력은 계속해서 확대된다고 언급하고 있다. 그리고 AI가 인간 활동에 미치는 영향에 대한 과도한 비난도 지나친 낙관도 경계해야 한다고 진단하면서, 인공지능위원회는 프랑스와 유럽이 AI 분야에서 주도권을 가질 수 있는 충분한 역량이 있으며, 이를 위해서 전략적 대응이 필요하다는 점을 강조하고 있다.

또한 인공지능위원회 보고서는 AI가 기존과 달리 다양한 기술들이 융합된 특성을 가지며, 사회 여러 분야에 혁신적 변화를 초래할 수 있다고 설명한다. 따라서 프랑스가 AI 분야에서 자율성과 주도권을 유지하기 위해서는 독자적 전략과 유럽 차원의 협력을 강화해야 한다고 주장한다. 마지막으로 AI가 단순한 기술 수용이 아니라, 인간 중심의 기술 발전을 위해서 윤리적 · 사회적 규범의 정립도 필요하다고 부언하고 있다.

AI와 국가의 역할

AI 기술은 특성상 고성능 장비를 포함한 기반 인프라와 안정된 전력 공급과 같은 대규모 에너지 수요를 수반하므로, 국가 차원의 전략적 인프라 투자와 정책 조율이 병행되어야 한다. 또한 AI 교육에서도 체계적인 교육 프로그램과 재정 지원이 필요하다.

현성은(2017)에 따르면, 프랑스는 AI 확산 및 활성화를 위해 프랑스 각 기관 간 협업을 통한 전략적 네트워크 구축을 추구했으며, 여기에는 국가 기관뿐만 아니라 공공 · 민간 합동의 범사회적 네트워크 환경을 조성하고자 하였다. 이러한 움직임은 AI가 가져올 부정적 효과를 사전에 예방하고 긍정적 효과를 극대화하기 위한 국가 차원의 전략이다.

현재 한국도 AI 분야에서 세계적 추세를 따라잡고 독자적 AI 기술을 확보하고자 정부와 민간 기업 차원에서 큰 노력을 기울이고 있다. 이러한 목표를 달성하기 위해서는 정부와 민간 부문 간의 긴밀한 협력과 공동 정책 추진이 필요하다. 그렇지만, AI의 발전이 또 다른 사회적 차별과 불평등으로 이어지지 않기 위해서는 프랑스처럼 연구와 개발이 인간과 기계의 균형 잡힌 시각에서 수행되어야 할 것이다.

참고문헌

현성은(2017). “프랑스의 인공지능(AI) 전략 : ‘인공지능의 경제적·사회적 영향 전망(Anticiper les impacts éonomiques et sociaux de l’intelligence artificielle)’을 중심으로”. 한국정보화진흥원.

Commission de l’Intelligence artificielle(2024). *IA : notre amibition pour la France.* https://www.info.gouv.fr/upload/media/content/0001/09/4d3cc456dd2f5b9d79ee75feea63b47f10d75158.pdf

Ministère de l’Économie, des Finances et de la Souveraineté

industrielle et numérique(2025). *France 2030 : stratégie nationale pour l'intelligence artificielle.* https://www.entreprises.gouv.fr/priorites-et-actions/autonomie-strategique/soutenir-linnovation-dans-les-secteurs-strategiques-de-6

Villani, C.(2018). *Donner un sens a l'intelligence artificielle: Pour une stratégie nationale et européen.* https://www.vie-publique.fr/files/rapport/pdf/184000159.pdf

03

프랑스의 어문학 연구와 AI

디지털 기술과 AI의 본격적인 등장은 프랑스 어문학에도 새로운 전환을 촉구하는 계기가 되었다. 그리스와 로마의 철학 · 언어학 · 문학 전통을 계승한 프랑스 어문학은 인문주의적 가치를 최우선에 두면서 디지털 기술과의 조화를 추구하는 학문적 실천을 모색하고 있다.

인공지능과 편향?

프랑스의 디지털 인문학 선언

고대 그리스와 로마의 전통을 계승하고 있는 유럽은 서구 인문학의 산실로 자리매김하고 있다. 특히, 프랑스는 문학 · 문화 · 예술 등 전반에 걸쳐 수 세기 동안 형성된 유럽의 인문학 전통의 발전에 결정적인 영향을 미쳤다. 이에 따라 프랑스의 어문학 연구는 철학적 · 인문학적 사유와 성찰을 토대로 질적 · 문헌학적 분석을 중심으로 발전하였다. 이처럼 인문학 전통이 뿌리 깊은 프랑스는 사회 전반에 걸쳐 디지털화에 대한 저항이 거셌지만, 한편으로는 디지털 인문학에 관한 관심이 고조되었던 것도 사실이다(김동윤, 2014).

2010년 5월 파리에서 열린 THATCamp에서 연구자와 실천가들은 디지털 인문학의 개념과 방향성을 논의한 후, 인문 · 사회과학 연구와 교육에서 디지털 기술에 대한 프랑스어권의 논의와 성찰, 프랑스어권에서 디지털 인문학의 증진, 디지털 인문학 영역에서 프랑스어권 언어와 문화의 장려를 담은 디지털 인문학 선언을 발표하게 된다(김동윤, 2014). 프랑스 문화부 산하 기관인 France Terme(2019)는 디지털 인문학을 "정보기술과 문학, 예술, 인문학, 사회과학이 교차하는 연구 · 교육 분야로, 디지털 데이터의 코퍼스로 지식, 방법, 새로운 인식

객체를 생산 및 공유하는 것을 목표"로 한다고 정의하고 있다.

프랑스의 디지털 인문학은 전통적인 인문학 연구에 새로운 기술적 성과를 도입하면서 지적 자산의 다양성, 개방과 공유를 추구하고, 이를 통해서 지식의 진보와 연구의 질적 향상을 도모하기 위해 등장하였다. 김동윤(2014)은 프랑스에서의 디지털 인문학은 "계몽주의 정신과 백과전서의 전통, 지적 · 정신적 고양을 추구하는 전통, 과학 기술에 대한 비판 정신과 아울러 기술 발전을 방대한 지식의 융합과 통합에 활용하려는 노력, 그리고 문명사의 새로운 지평으로서의 인문학"으로 평가하고 있다.

프랑스의 디지털 언어학과 인문학 전통

20세기 중반 통계 언어학과 전산 언어학은 디지털 언어학이 발전할 수 있는 토대가 되었다. 사실 유럽에서 언어에 대한 양적 접근은 매우 오래된 연구 태도였다. 기원전 3세기~1세기 알렉산드리아 문법 학자들은 호메로스(Homeros)의 작품에 포함된 빈도수 1의 단어(hapax legomenon) 목록을 작성했는가 하면, 기원후 6~10세기 사이에 활동한 유대인 학자 집단인 마소라 학자들

(massorètes)은 히브리어 성경에 등장하는 모든 단어를 계산하였으며 19세기 이후, 역사 문법 이론의 발전과 함께 언어 연구는 방대한 수치적 목록에 기반해 이루어졌다(Guiraud, 1960). 이러한 연구 경향은 논리적이고 해석 중심의 통계 분석으로 발전하였다.

프랑스의 현대 통계 언어학은 1960년대 피에르 기로(Pierre Guiraud)와 샤를 뮐레(Charles Muller)에서 출발한다. 기로는 미국 언어학자이자 통계학자인 조지 킹즐리 지프(George Kingsley Zipf)가 자연어에서 단어의 사용 빈도와 그 순위 사이의 관계를 정량적으로 설명한 지프의 법칙(loi de Zipf)을 도입하였으며, 뮐레는 프랑스어의 양적 분석 방법을 다양한 사례와 함께 소개하였다.

프랑스의 통계 언어학은 1990년대 '어휘 통계학(lexicométrie)'이라는 독자적 방법론으로 발전하였다. 어휘 통계학은 코퍼스에 포함된 단어들의 정량적 정보를 가지고 의미, 담론, 문체 등을 탐구하는 학문이다(Salem, 1987). 프랑스의 어휘 통계학은 프랑스 역대 대통령의 담화문을 분석한 마야프르(Mayaffre, 2012)의 연구처럼 통계를 구문 분석보다는 주로 의미와 담론 분석을 위해 활용하였다.

어휘 통계학과 함께, 언어의 기계적 처리를 위한 언어

자동 처리(traitement automatique des langues) 연구도 시작되었다. 프랑스에서는 푹스 외(Fuchs, et al., 1993)가 이 분야의 기초가 되는 연구로 평가받고 있으며, 어휘 통계학뿐만 아니라 이후 코퍼스 언어학과 자동 번역 발전에 큰 영향을 미쳤다. 특히, 담화 분석의 전산적 처리 연구는 어휘 통계학과 프랑스의 디지털 언어학 연구가 언어의 형식적 처리보다는 인문학적 관점을 중심으로 하고 있음을 보여준다.

프랑스 디지털 언어학은 AI의 등장 이후 롱그레와 반니(Longree & Vanni, 2025)의 연구가 보여주듯이, 최근에는 코퍼스 내 단어의 결합 패턴을 인식하기 위해서 AI의 딥러닝 기법을 활용하는 등 고전적 통계 모델과 신경망 기반 모델의 통합적 프레임워크 개발 방향으로 발전하고 있다.

한편, 프랑스의 인문학적 전통은 언어의 디지털 분석에 기반이 되는 코퍼스의 구성에도 영향을 미쳤다. 영어권의 대표적인 코퍼스인 BNC, COCA 등이 일상 대화, 신문, 학습자 코퍼스처럼 범용 주제의 텍스트를 포함하고 있다면, 총 16권으로 구성된 19~20세기 프랑스어 사전인 TLF(Trésor de la langue française)의 용례를 위해 구축된 프랑스어 코퍼스인 프랑텍스트(Frantext)는 문학,

수필, 사설처럼 인문학 중심의 텍스트로 구성되어 있으며(조준형, 2021; Pierrel, 2003), 이를 통해 시대별 문체 변화, 어휘의 통시적 진화, 작가 간 문체적 특징 등을 정량적으로 분석하는 데 사용되고 있다.

디지털, AI 문학 연구

어휘 통계학의 주요 학자이자 어휘 통계학 및 코퍼스 분석을 위한 대표적인 디지털 도구인 Hyperbase를 개발한 에티엔 브뤼네(Étienne Brunet)는 16세기 조아생 뒤 벨레(Joachim du Bellay)부터 현대 프랑스의 대표적인 작가 중 한 명인 장 마리 귀스타브 르 클레지오(Jean-Marie Gustave Le Clézio)에 이르기까지 프랑스의 위대한 작가들의 방대한 작품들을 코퍼스로 구축하고 Hyperbase를 사용해서 어휘, 구문, 품사 등을 계량적으로 기술하면서 디지털 문학 연구의 토대를 마련하였다(Brunet, 2009). 베르나르(Bernard, 1999)는 문학 텍스트의 디지털화와 전처리 그리고 문학 연구를 위한 컴퓨터 활용에 관한 기술적 제안을 하였다.

AI 등장은 프랑스 문학 연구에서도 새로운 과제를 제기하였다. 기존의 디지털 기술과 달리, AI는 '창작'이라는 인간 고유의 영역에 대한 도전일 수 있기 때문이다.

이에 연구자들은 AI의 창의적 글쓰기에 대한 비판적 수용에 주목하고 있다. 카랑타(Quaranta, 2025)는 프로방스 대학교 1학년 문학 글쓰기 수업에서 학생과 AI가 쓴 글을 비교하면서, 생성형 AI의 글은 언어의 형식적인 면에서 우수할 수 있지만, 상상력과 감성 등에서는 제한적이며, 교육적인 측면에서, 생성형 AI가 조력자가 될 수는 있지만 창작의 주체가 되기에는 분명한 한계를 가지고 있다고 언급하고 있다.

르브룅(Lebrun, 2020)은 생성형 AI가 만든 텍스트를 자동 문학, 협업 문학, 생성 실험적 문학으로 분류하면서, AI가 생성한 텍스트는 전통적인 문학의 기준으로는 평가하기 어렵고, 새로운 개념 정리가 필요하다고 주장한다. 나자(Najah, 2024)도 문학에서 AI가 창작의 보조 도구로서는 강력하지만, 문학적 창작의 기준에서는 오히려 인간의 창의성과 감성을 퇴색시킬 수 있는 위험이 있음을 지적하고 있다. 더욱이, AI가 대규모 데이터 학습으로 문학 텍스트를 생성할 수는 있지만, 이러한 행위가 저작권 문제를 유발할 수 있으며, 이와 함께 AI에 의한 창작물에 대한 법률적 · 윤리적 문제도 고려해야 한다고 지적하고 있다.

인문학 기반의 프랑스 디지털 어문학

어문학에서 디지털 기술과 AI의 수용은 학문적 정체성과 교육적 실천과 같은 다양한 층위의 변화를 가져왔다. 예를 들어, 디지털 기술과 AI가 언어학 분야에서는 대규모 데이터의 통계 기반 의미 해석과 언어 자동 처리 시 정량적 분석의 가능성을 확장시켰다면, 문학에서는 AI 글쓰기의 정체성 문제가 오히려 기존의 문학에 대한 개념, 문학 교육에 새로운 성찰을 유도하고 있다.

디지털은 이미 우리의 삶 깊숙이 들어와 있으며, AI는 지금 우리가 경험하고 있는 현실이다. 이러한 흐름 속에서도 프랑스는 인문학적 가치와 인간 중심의 사고를 고수하려고 한다. 특히 어문학 연구와 교육에서 인간이 주체가 되어야 한다는 점을 강조하고 있다. 이는 다양한 실험과 비판적 실천을 통해서 입증되고 있으며, 프랑스의 디지털 인문학 선언은 이러한 프랑스의 시각을 담은 선언이다.

참고문헌

김동윤(2014). “프랑스 ‘디지털 인문학’의 인문학적 맥락과 동향”. 《인문콘텐츠》, 34, 9~27쪽.

조준형(2021). “전통 코퍼스와 웹 코퍼스 비교 연구: Frantext, Sketch Engine, DIY-코퍼스를 중심으로”. 《프랑스어문교육》, 75,

91～114쪽.
Bernard, M.(1999). *Introduction aux études littéraires assistées par ordinateur.* PUF.
Brunet, É.(2009). *Comptes d'auteurs : Tome 1, Études statistiques, de Rabelais a Gracq.* Honore Champion.
France Terme(2019). *Humanités numériques.* Ministère de la culture.
https://www.culture.fr/franceterme/terme/EDUC120.
Fuchs, C. et al.(1993). *Linguistique et traitements automatiques des langues.* Hachette.
Guiraud, P.(1960). *Problèmes et méthodes de la statistique linguistique.* PUF.
Lebrun, T.(2020). Pour une typologie des oeuvres littéraires générées par intelligence artificielle. *Balisages, 1.*
https://journals.openedition.org/balisages/304
Longrée, D. & Vanni, L.(2025). Identification des motifs textuels. Entre statistique et deep learning. *Corpus, 27.*
https://journals.openedition.org/corpus/10326
Mayaffre, D.(2012). *Nicolas Sarkozy: Mesure et demesure du discours(2007-2012).* Presses de Sciences Po.
Muller, C.(1992). *Initiation aux méthodes de la statistique linguistique.* Champion.
Najah, S.(2024). L'impact de l'intelligence artificielle dans le monde littéraire. *Revue de recherche en sciences humaines et cognitives, 1*(7), pp.24～33.
https://crshc.com/wp-content/uploads/2025/01/Limpact-de-lintelligence-artificielle-dans-le-monde-litteraire.pdf
Pierrel, J. M.(2003). Un ensemble de ressources de référence pour l'étude du français: TLFi, FRANTEXT et le logiciel STELLA.

Revue québécoise de linguistique, 32(1), pp.155~176.

Quaranta, J.-M.(2025). Intelligence artificielle et création littéraire : expériences et perspectives. *Interfaces numériques, 14*(1).

Salem, A.(1987). *Pratique des segments répétés: Essai de statistique textuelle.* Klincksieck.

04
코퍼스 언어학과 생성형 AI

코퍼스 언어학과 생성형 AI는 대규모 언어 데이터를 기반으로 분석하고 결과를 도출한다는 점에서 공통점이 있지만, 데이터에 대한 접근 방식과 처리 등에서는 분명한 차이가 있다. 언어 데이터 활용의 관점에서 두 방법론의 차이는 디지털 데이터에 대한 학문적 · 교육적 접근 태도의 변화를 요구한다.

청각장애인과 AI?

코퍼스와 코퍼스 언어학

전통적인 언어 연구는 인간의 본질과 이성에 관한 철학적·심층적 사유를 통해 언어의 정체성을 규명하고자 했던 규범적 연구였다. 20세기 들어 언어의 과학적 연구 태도와 실증적 연구 방식이 대두되었고, 더욱이 컴퓨터를 사용한 언어 자료의 관찰이 가능해지면서, 언어학은 실질적이고 경험적 연구 태도로 전환된다. 특히 1960년대 컴퓨터의 발달은 언어학에서 대규모 언어 데이터를 수집하고 이를 다각도로 관찰할 수 있도록 하는 계기가 되었다. 이렇듯 언어 연구의 한 방법으로 1960년대에 코퍼스 언어학이 등장하고 이후 디지털 언어학이 발전할 수 있었던 것은 컴퓨터 성능의 발달과 무관하지 않다(Kennedy, 1998).

코퍼스(corpus)는 이러한 언어 연구 경향을 촉진하는 계기가 되었다. 코퍼스는 '언어의 표본으로 활용하기 위해, 명시적인 언어학적 기준에 따라 선정되고 구성된 언어 자료의 집합'을 가리킨다(Kennedy, 1998; Sinclair, 1996). 한국어로 "말뭉치"로 번역되는 코퍼스는 기존의 이론적·규범적 언어 연구에서 벗어나 실증적 언어 연구를 위한 출발점이 되었다. 코퍼스는 한 언어 공동체 구성원들의 실제 언어 사용을 반영하고 있기 때문에, 학술적 목적뿐만 아니라 교육적 차원에서도 매우 중요한 자료가 된다. 이를 토대로 언어학자는 언어의 실제 작동 원리를 관찰할 수 있고, 그 결과를 일반화할 수 있다.

AI가 인간의 언어 능력을 습득하기 위해서는 인간이 실제로 사용하는 언어를 학습해야만 한다. 생성형 AI의 학습은 크게 사전 학습(대규모 언어 패턴 학습), 튜닝(특정 목적에 맞는 모델의 미세 조정), 강화 학습(에이전트가 특정 환경에 최적화된 학습을 하도록 하는 것) 세 단계로 이루어진다(Russell & Norvig, 2021). 이 과정에서 생성형 AI는 방대한 텍스트 자료를 코퍼스로 활용한다. 이런 점에서 코퍼스 기반 연구와 생성형 AI는 기본 출발점이 코퍼스라는 공통분모가 있다(조준형, 2025).

원천 자료 처리에서 두 방법론의 차이

코퍼스 기반 연구와 생성형 AI 모두 코퍼스를 기반으로 하지만, 코퍼스에 대한 접근 방식 및 최종 결과물에서는 차이가 있으며, 그 결과 연구 및 교육적 활용에서도 차별성이 나타난다.

먼저, 코퍼스 구축을 위해서 필요한 자료를 수집하는 방식에서 두 방법은 차이가 있다. 코퍼스 기반 연구를 위해 필요한 원천 자료는 전적으로 인간 연구자에 의존한다. 연구 목적에 맞게 BNC, COCA, Sketch Engine과 같이 이미 구축된 대규모 코퍼스를 활용하거나, 연구자 개인이 직접 코퍼스를 구축할 수 있다. 기존의 코퍼스도 인간에 의해 구축된 것이기 때문에 구축 방식은 동일하다. 연구자가 직접 텍스트를 수집하든, 아니면 웹 크롤링(web crawling) 방법을 사용하든 인간의 개입 없이 자동으로 코퍼스가 생성되지는 않는다.

AI도 수집 대상 자료 및 방식은 일반 코퍼스 구축 방식과 동일하다. 단지 수집 데이터의 크기가 방대하며, 수집된 텍스트 데이터는 문장 단위 혹은 형태소 단위로 정밀하게 분석되며, 딥러닝 기술인 트랜스포머를 통해서 문맥의 의미를 파악한다. 이러한 방식은 BNC와 COCA처럼 대규모 코퍼스에서 정교한 분석을 위해서 문법 주석(annotation)을 추가하는 것과 유사하지만, 코퍼스의 문법 주석이 단순히 문장 구성 성분 혹은 형태소 단위를 표시하는 수준에 머문다면, AI는 올바른 문장을 생성하기 위해 딥러닝에 의한 다층적 의미 관계망을 구축한다는 점에서 차이가 있다.

둘째, 수집된 데이터의 유형에서 차이가 있다. 코퍼스 기반 연구는 주로 언어 텍스트 위주의 정형 자료를 사용한다. 영상, 소리, 표정, 제스처와 같은 비정형 자료를 포함한 '다면 코퍼스(multimodal corpus)'도 있지만 흔하지는 않다(손현정, 2011, 2012). 반면, 생성형 AI는 정형·비정형 자료 모두 학습 자료로 사용한다. 다양한 자료의 학습으로 생성형 AI가 음악을 작곡하고 그림을 그릴 수 있다.

셋째, 코퍼스의 접근성에서 차이가 있다. 코퍼스 기반 연구에서 연구자는 직접 코퍼스의 원천 텍스트 내용을 살펴볼 수 있다. 그러나 생성형 AI에서는 기능에 따라서 학습한 자료의 유형이나 출처를 확인할 수는 있으나, 사용자가 직접 학습 자료를 참조할 수는 없다.

따라서 코퍼스 기반 연구에서 연구자는 원천 자료인 코퍼스를 직접 참조하거나 조율하면서 검색 조건에 따른 결과의 차이를 검증할 수 있다. 이와 달리 생성형 AI는 사용자가 질문한 내용과 관련된 텍스트를 종합하고 재가공한 후에 결과물을 답으로 제시하기 때문에, 사용자는 원천 자료에 직접적으로 접근하기가 어렵다.

결과물에 대한 해석의 차이와 문해력

코퍼스 기반 연구와 생성형 AI는 코퍼스를 공통으로 사용하지만, 코퍼스에 대한 접근 방식의 차이로 이를 연구와 교육에서 활용할 때는 다른 태도가 요구된다.

코퍼스 기반 연구에서 사용되는 분석 도구는 검색 기준에 따라서 코퍼스 내 특정 언어 요소와 관련된 다양한 형태의 언어 자료를 제공하지만, 그 해석은 최종 결과물에 수반되는 통계 수치를 근거로 한다. 따라서 이를 연구나 교육에서 활용하려면, 연구자 혹은 학습자는 정량 정보를 해석할 수 있는 역량을 갖추고 있어야 한다. 즉, 기반이 되는 코퍼스에 따라 살펴보고자 하는 언어 정보의 정량적 정보가 달라질 수 있어서, 이를 정성적으로 정확하게 판단할 수 있어야 한다.

이와 달리, 생성형 AI는 인간이 직접 코퍼스에서 필요한 정보를 수집하는 것이 아니라, 이 과정을 AI가 수행한다. 사용자가 질문하면, 생성형 AI는 사용자의 요구와 관련된 텍스트를 수집하고 이를 재구성해서 답을 제시한다. 즉, 사용자는 코퍼스 기반 연구처럼 원천 자료의 내용을 볼 수 있는 것이 아니라 생성형 AI가 재조합한 글을 보는 것이다.

따라서 생성형 AI의 결과물을 적절하게 수용하는 데에는 심층적인 인문학적 사고가 필요하다. 코퍼스 기반 방법론의 결과 해석에는 정량적 판단에 이은 정성적 사고가 필요하다면, 생성형 AI의 답은 정성적 사고가 우선시된다. 즉 고도화된 디지털 리터러시(digital literacy)

능력이 필요하다. 디지털 리터러시는 현대 사회에서 다양한 유형의 디지털 정보를 해석하는 데 필요한 역량이다. 단순히 주어진 자료를 이해하는 것이 아니라, 답의 진실성 여부에 대한 가치 판단과 윤리 문제가 포함된 기호학적, 인문학적 성찰이다.

AI의 발전과 함께 인간의 의사소통처럼 인간과 기계 사이의 의사소통도 양방향 소통으로 진화하고 있다. 최근에 지디넷코리아(2025)는 AI가 잘못을 지적하지 않고 무조건 긍정적인 방식으로 대화한다는 연구를 소개하고 있다. 우리가 AI와 대화 과정에서 AI의 답을 비판적으로 수용하기 위해서는 AI가 전달하는 언어 기호 체계에 대한 보다 심층적인 해석, 다시 말해서 코퍼스 방법론과는 다른 디지털 리터러시 역량이 필요하다.

참고문헌

보안뉴스(2023.6.15). “챗GPT 등 ‘생성형 AI’에서 개인정보가 새는 구멍은?”. https://www.boannews.com/media/view.asp?idx=119138

손현정(2011). “프랑스어 MPA 다면자료 구축 연구”. 《불어불문학연구》, 88, 693~720쪽.

손현정(2012). “한국어 다면자료 구축 연구”. 《언어사실과 관점》, 30, 55~80쪽.

조준형(2025). “프랑스 언어학 교육에서 생성형 인공지능 활용을 위한 학습자의 디지털 리터러시에 관한 고찰”. 《한국프랑스학논집》, 129, 149~174쪽.
지디넷코리아(2025.8.15). ““AI 챗봇 ‘과잉 공감’ 경계해야” … 나르시시즘·망상 키울 수도”. https://zdnet.co.kr/view/?no=20250815091338
Kennedy, G.(1998). *An introduction to corpus linguistics.* Addison Wesley Longman. 안동환 옮김(2010). 《코퍼스언어학개론》. 한국문화사.
Russell, S. J. & Norvig, P.(2021). *Artificial intelligence: A modern approach.* Pearson. 류광 옮김(2021). 《인공지능: 현대적 접근방식》. 제이펍.
Sinclair, J.(1996). Preliminary recommendations on Corpus Typology. EAGLES(Expert Advisory Group on Language engineering).

05
디지털 기술과 국내 프랑스 언어학 연구

국내에서 프랑스 언어학 연구는 주로 전통적인 인문학 연구 방식을 따르고 있으며, 디지털 데이터 및 디지털 도구를 활용한 연구는 다른 언어 분야에 비해서 소수의 연구자에 의해 주도되고 있다. 국내 프랑스 언어학 및 언어학 교육에서 디지털 기술을 활용한 연구 동향을 살펴보고 문제점을 진단한다.

AI 콘텐츠 크리에이터?

국내 프랑스 언어학 연구와 교육 동향

국내에서 전산 언어학, 코퍼스 기반 연구 등 디지털 데이터와 관련된 연구는 주로 한국어와 영어를 중심으로 수행되고, 프랑스어를 비롯한 유럽어 분야에서는 관련 연구가 상대적으로 활발하지 않다.

유럽은 전통적으로 문헌학 중심의 연구가 주로 이루어졌고, 따라서 국내에서도 프랑스 언어학은 주로 전통적인 개념의 언어 이론을 중심으로 연구가 수행되었다. 이와 함께, 대학의 프랑스 언어학 교육도 이론 중심의 교육이 주를 이루고 있다. 김경석 외(2020)에 따르면, 2020년을 기준으로 국내 프랑스 어문학 관련 학과의 교육 과정에 약 106개의 언어학 관련 과목 그리고 약 53개의 통번역 과목이 개설되어 있다. 그런데 교과목 대다수는 전통 언어학 범주를 가르치는 과목이며, 디지털 관련 과목은 소수에 불과하다. 2024년을 기준으로 국내 주요 사립대와 거점 국립대 등 총 11개 대학의 불어불문학과 홈페이지에 기재된 전공 교과목 목록에서도 교육 방법의 환경 변화에도 불구하고 프랑스어 교육을 제외한 언어학 및 통번역 과목의 변화는 거의 없었다(조준형, 2024).

이러한 현상은 아마도 국내 프랑스 어문학 관련 학과의 변화와도 무관하지 않을 것이다. 김경석 외(2020)에 따르면, 2020년도를 기준으로 전국 대학에 프랑스 어문학 관련 학과가 약 64개 설치되어 있는데, 이 중 약 34개의 대학만이 어문학 중심의 '불어불문학과' 혹은 이와 유사한 학과 명칭을 사용하고 있고, 나머지 대학은 '프랑스언어문화학과'나 '유럽어문학과'처럼 문화 영역이 강화되거나 다른 유럽어와 통합된 형태의 명칭을 사용하고 있다. 대학 학과 명칭의 변화는 국내 프랑스 어문학의 주요 관심이 문학과 문화에 초점을 맞추고 있고, 프랑스 언어학은 상대적으로 소외되고 있음을 반영한다. 이러한 경향은 국내 주요 프랑스 관련 학술대회에서도 확인할 수 있는데, 대부분의 학술대회 발표 분과가 문학과 문화에 치중되어 왔다.

프랑스 문학과 문화에 대한 편중은 상대적으로 국내 프랑스 언어학 연구자의 감소로 이어지고, 새로운 환경의 변화에 제대로 대처하지 못하는 결과로 나타났다.

국내 디지털 프랑스 언어학 연구 현황

디지털 언어학은 전통 언어학의 이론과 방법론에 컴퓨터 기반 도구와 디지털 기술을 접목하여 연구하는 분야다. 엄밀히 말해서 기존과 완전히 다른 새로운 학문이라기보다는 새로운 연구 방법론으로 새로운 시각에서 언어의 작동 원리를 살펴보는 것이다.

20세기 이후 언어학은 점차 경험적이고 실증적인 연구 방법론을 중시하게 되었고, 컴퓨터와 코퍼스 개념의 등장은 이러한 연구 경향을 촉진시켰다. 디지털 코퍼스를 활용한 언어 분석은 실제 언어 사용 자료를 다양한 시각에서 관찰하고, 이를 기반으로 여러 층위에서의 언어 현상을 실질적으로 규명하고 일반화하는 데 기여하였다.

프랑스 언어학 연구에서도 디지털 자료와 도구를 활용한 연구 방법론을 적용한 사례가 점차 늘어나고 있다. 김명관(2000, 2014, 2017)은 프랑스어 코퍼스를 중심으로 프랑스어 교육과 번역에 관한 연구를 진행하였다. 조준형(2021, 2023)은 번역, 프랑스어 어휘, 연어 관계 등을 중심으로 디지털 데이터의 활용 방법을 제시하였으며, 이와 더불어 최근에는 컴퓨터 지원 번역 도구를 활용한 번역 수업의 한 사례를 제안하였다(조준형, 2024). 윤애선(2019)은 국내 디지털 기술 및 AI 활용 연구와 교육적 적용을 연구했으며, 이은령(2023)은 번역 글쓰기를 위한 AI 활용 방안에 관해서 연구하였다. 또한 황순희(2015, 2016, 2017)는 각각 프랑스어 신체어 'tête(머리)', 'visage/face(얼굴)', 'main(손)'의 분석을 위한 코퍼스 활용 사례를 보여주고 있다.

언어의 정량적 분석이 인간 언어의 정신적인 측면을 충분히 반영할 수 없다는 비판에 직면하기도 했지만, 정성적 분석에 의한 상호보완적 접근이 이루어진다면, 분석 방법의 다양화는 언어의 본질에 대한 보다 입체적이고 실증적인 이해를 가능하게 한다. 이런 차원에서 프랑스 언어학 교육에서도 김연주(2023), 손현정(2022), 장니나(2015)는 디지털 도구의 활용이 프랑스 언어학 수업에서 학생들의 흥미를 높일 수 있는 하나의 방법이 될 수 있다고 하였다.

현대 사회에서는 디지털 정보를 바르게 해석하고 활용할 수 있는 디지털 리터러시 역량을 필수적 자질로 요구하고 있으며, 이를 위해서 대학은 마이크로디그리 과정을 개설하고 디지털 리터러시 관련 과목들을 개설하고 있다. 불어불문학은 인문학을 연구하는 분야이지만, 전공 학생들이 새로운 사회 변화에 적응하기 위해서는 이에 대한 준비가 필요할 것이다. 필자도 처음에는 전통적인 방식으로 프랑스어학 수업을 진행하였지만, 학부 학생들의 이론에 대한 관심이 점차 낮아지고, 그 결과 언어학 개념을 이해하는 데도 많은 어려움을 느끼고 있음을 확인할 수 있었다. 이를 극복하기 위해서 컴퓨터실에서 프랑스어 디지털 데이터를 구축하고 분석 도구로 여러 가지 분석을 진행하였다. 그 과정에서 학생들은 분석 도구 사용에 어려움을 토로하기도 했지만, 수업이 진행될수록 학생들은 프랑스어의 실제 자료를 직접 다루는 경험에 흥미를 느끼기 시작했으며, 특히 프랑스어의 언어적 특성에 대한 이해도 높아지는 양상을 보였다. 이는 디지털 기반 실습 활동이 전통적인 이론 강의의 한계를 보완하고, 학생들의 학습 동기 향상에 긍정적인 영향을 줄 수 있음을 시사한다.

국내 디지털 프랑스 언어학의 문제와 과제

연구의 관점에서 새로운 방법론의 수용은 연구의 폭을 넓히는 데 매우 중요하다. 컴퓨터의 등장은 기존의 이론 중심 언어학 연구가 실증적 연구로 전환되는 계기가 되었다. 그렇지만 국내 프랑스어 관련 분야에서는 관련 연구가 다른 언어권에 비해서 일부 특정 연구자들의 전문 영역으로 국한되어 있는 것이 현실이다. 여러 가지 이유가 있겠지만, 디지털 자료에 대한 접근성 부족과 기술 인프라 및 활용 역량의 제약이 주요한 원인으로 지적될 수 있다. 실제로 텍스트 코퍼스 구축, 분석 도구 활용, 프로그래밍 기반 분석 등의 기술적 요인들은 인문학 기반의 전통적인 교육을 받아온 연구자에게는 진입 장벽으로 작용하고 있다.

또한 프랑텍스트, Sketch Engine처럼 대규모 프랑스어 코퍼스가 구축되어 있는 프랑스와 달리, 국내에서는 연구자들이 활용할 수 있는 프랑스어 코퍼스가 부재하기 때문에 연구자 개인이 필요한 코퍼스를 구축해야 하는 어려움이 있었다.

그런데 생성형 AI의 등장은 이러한 현실적인 어려움을 조금은 극복할 수 있는 계기가 되었다. 기존에는 디지털 데이터의 분석과 도구 사용을 위해서는 연구자 개인이 관련 지식을 모두 습득해야 했다. 그렇지만 이제는 복잡한 프로그래밍이나 데이터 분석도 AI가 보조 연구자의 역할을 할 수 있을 정도로 기술적 발전이 이루어졌다.

물론 AI를 제대로 활용하기 위해서는 연구자가 기본적인 디지털 기술에 대한 지식을 가지고 있어야 하지만, AI가 기술적으로 부족한 부분을 대체할 수 있다는 점에서 이전보다는 디지털 프랑스 언어학의 진입 장벽이 낮아졌다고 볼 수 있다. 예를 들어, 형태소 분석, 키워드 추출, 분석 결과의 시각화와 같은 작업을 하기 위해서는 연구자가 프로그래밍 지식을 갖추고 있어야 했으나, 이제는 AI가 이를 대신할 수 있게 되었다. 이러한 변화는 디지털 언어학 연구의 저변 확대와 교육적 확산에 긍정적인 영향을 미칠 수 있다.

이제 프랑스 언어학 연구자들도 기존의 전통적 접근 방식만을 고집하기보다는 새로운 방법론을 적극 수용할 수 있는 유연한 태도 변화가 필요한 시점이다. 이미 프랑스어 교육에서 중요성이 강조되고 있는 디지털 기법과 생성형 AI를 접목한 프랑스 언어학 연구는 어문학의 실천적 가치와 융합 가능성을 보여주고 있고, 점차 위축되고 있는 프랑스 어문학의 학문적 위상을 재정립하는 데 기여할 수 있을 것이다.

참고문헌

김경석 외(2020). “새로운 패러다임에 부응하는 프랑스(어)학과/전공의 지속가능성장에 대한 소고”. 《프랑스어문교육》, 71, 7~31쪽.

김명관(2000). “프랑스 지역학, 언어학: 프랑스어 가상수업을 위한 홈페이지 개발 연구”. 《한국프랑스학논집》, 31, 31~48쪽.

김명관(2014). 《텍스트 코퍼스 기반 프랑스어 교육》. 한국문화사.

김명관(2017). “프랑스어와 한국어 번역 관계에서 시제 분석을 위한 학습용 코퍼스 제작과 활용”. 《한국프랑스학논집》, 97, 187~207쪽.

김연주(2023). “프랑스학 교육 분야의 디지털 학습지원 매체 활용에 관한 연구”. 《Journal of the convergence on culture technology》, 9(5), 685~695쪽.

손현정(2022). “디지털 도구를 활용한 프랑스언어학 교육제안과 논의". 《프랑스어문교육》, 79, 7~30쪽.
윤애선(2019). "기계번역 기술을 고려한 전공 프랑스어 문법 교과과정의 설계". 《코기토》, 89, 377~410쪽.
이은령(2023). "인공지능번역 결과를 활용한 팀 기반 단계적 번역 글쓰기 교수·학습". 《프랑스학연구》, 103, 81~106쪽.
장니나(2015). "컴퓨터 활용 프랑스어 교육". 《프랑스어 교육학》, 387~427쪽. 신아사.
조준형(2021). "웹 코퍼스와 불한 번역 등가어: 코로나바이러스 관련 연어 관계를 중심으로". 《통번역학연구》, 25(2), 85~112쪽.
조준형(2023). "프랑스어 시간 명사 교육을 위한 코퍼스 기반 기술적 탐색 사례: an/année, jour/journée, matin/matinée, soir/soirée를 중심으로". 《프랑스어문교육》, 82, 103~137쪽.
조준형(2024). "불한 번역 수업에서 컴퓨터지원번역 도구 적용 사례를 통한 학부 번역 융합 교육 연구". 《프랑스어문교육》, 87, 99~123쪽.
황순희(2015). "코퍼스 기반 어휘 의미 분석: 다의어 'tête'를 중심으로". 《한국프랑스학논집》, 92, 381~411쪽.
황순희(2016). "코퍼스 기반 visage와 face의 의미 분석". 《한국프랑스학논집》, 94, 237~271쪽.
황순희(2017). "코퍼스 분석을 이용한 프랑스어 신체어휘 main(손)의 의미 용법과 다의성". 《프랑스어문교육》, 58, 85~120쪽.

06
프랑스 문학과 AI

디지털 인문학의 개념을 잇는 디지털 문학은 디지털과 문학의 접목을 의미한다. 생성형 AI의 등장은 문학에 접목된 디지털 기술을 중심으로 창작, 저작권, 문학 교육 등 다양한 주제를 둘러싼 활발한 논쟁을 촉발하였다. 디지털 문학에서 논의된 주요 쟁점을 중심으로 문학의 시각에서 생성형 AI의 의미를 생각해 본다.

AI와 민주주의?

디지털 인문학

디지털 인문학은 "정보통신기술의 도움을 받아 새로운 방식으로 수행하는 인문학 연구와 교육 그리고 이와 관계된 창조적인 저작 활동"을 가리킨다(김현 외, 2016). 인문학에 접목된 디지털 기술은 고문서의 디지털화에서부터 인문학적 지식의 시각화에 이르기까지 인문학 활동의 영역을 새롭게 확장시켰다.

텍스트의 디지털화와 지식의 시각화는 단순히 저장매체의 변화를 의미하는 것이 아니다. 예컨대, 디지털화된 인문학 텍스트는 연구자가 방대한 자료를 네트워크 기반 키워드 분석, 의미망 구성 등 다양한 분석 방식으로 분석하고 결과를 시각화하고 공유할 수 있도록 한다. 또한 일반 대중은 언제든 데이터베이스화된 팔만대장경과 같은 문화유산을 웹사이트에서 열람할 수 있다. 이렇듯 디지털 기술과 인문학의 융합은 인문학 지식의 전문화와 대중화를 동시에 견인하는 중요한 전환점이 되고 있으며, 과거의 전통을 계승하고 이를 디지털 기술과 함께 새롭게 창조하는 출발점이 된다.

디지털 문학

2022년 10월 7일 한국디지털문인협회는 〈디지털 문학의 미래와 전망〉이라는 주제로 세계 문학 역사상 최초이자, 국내에서 처음으로 학술 심포지엄을 개최하였다(안홍기, 2022). 이 협회는 "디지털 시대에 문학의 패러다임 변화와 디지털 매체를 활용하여 글을 쓰거나 AI로 글 쓰는 모든 작가가 참여하는 문학 단체의 필요성이 대두되는 때에 발맞춰 다양한 형식으로 글을 쓰고자 하는 이들에게 서로 소통하고 발표의 기회를 제공"하기 위해 창립되었으며(안홍기, 2022), 2023년에는 〈챗GPT와 문학의 미래〉를 주제로(김민수, 2023), 2024년에는 〈생성형 AI 기술의 현황과 인문학적 글쓰기〉를 주제로(이주옥, 2025), 매년 디지털 문학 관련 학술 심포지엄을 개최하고 있다.

인문학자, 문학자, AI, 저작권 등 여러 분야의 전공자와 연구자들이 참여한 이 심포지엄에서 다양한 주제들이 논의되었는데, '디지털 환경에서의 글쓰기', '순수 문학과 사이버 문학', '저작권 침해', 'ChatGPT를 활용한 창작' 등 디지털 시대에서 예측할 수 있는 모든 형태의 글쓰기를 대상으로 하고 있다. 우리가 '문학'이라고 했을 때는 일반적으로 시, 소설, 희곡과 같은 순수 문학을 떠올리게 되는데 "문학 텍스트의 확정 순간은 창작된 순간이 아니라 그 작품이 수록된 인쇄물이 출판된 순간이다”(전봉관, 2000).

1980년대 중반 PC통신이 서비스되면서 등장한 ‘사이버 문학(Cyberliterature)’은 주로 무협지와 판타지 소설이 주를 이루면서 예술적, 미학적, 서사적 측면에서 순수 문학과 구별되었지만, 누구나 참여할 수 있는 대중적이고 참여적인 문학 활동의 출발점이 되었다. 1990년대 중반 이후 인터넷이 본격적으로 보급되면서 발전된 디지털 기술과 접목되어 글쓰기는 다양한 방향으로 진화되었다. 디지털 문학의 가장 큰 변화는 아마도 작가와 독자의 경계가 불분명해졌다는 점이다. 인터넷상에서는 누구나 작가가 될 수 있고 누구나 비평가가 될 수 있다. 순수 문학이든 장르 문학이든 글쓰기에 제약이 없다.

그렇다고 해서 순수 문학이 위축되지는 않을 것이다. 디지털 시대의 도래는 오히려 순수 문학이 대중들과의 경계를 허무는 기회가 될 수 있다. 독자들과의 소통에서 시공간적인 제약이 없어지고, 디지털 기술을 활용한 작품의 변화를 통해서 작품의 이해도를 높일 수도 있다. 그리고 작품의 보급도 훨씬 원활해질 수 있다.

디지털 프랑스 문학

국내 프랑스 문학 분야에서도 최근 디지털 문학 연구 및 교육에 관한 관심이 증가하고 있지만, 실제로 디지털 기술을 활용한 문학 창작, 연구와 교육의 구체적인 성과는 상대적으로 미흡한 실정이다.

유은순 · 류선정(2024)에 따르면, 민진영(2021, 2022)을 제외하면 디지털 문학 교육에 관한 연구는 거의 이루어지지 않았다. 민진영은 몇몇 프랑스 문학 작품을 가지고 작품의 키워드 분석 및 데이터 분석 도구를 활용해 작품의 인지도 조사 등을 진행하였으며, 유은순 · 류선정은 프랑스 작가 알베르 카뮈(Albert Camus)의 작품과 작가 카뮈와 관련 정보를 디지털화 한 카뮈 디지털 문학관을 토대로 학생들이 작가와 작품, 등장인물 등을 계량적이고 시각적으로 구현된 데이터를 가지고 살펴볼 수 있도록 하였다. 도윤정(2018)은 카뮈 디지털 문학관 구축에 참여한 경험을 바탕으로 인문학적 가치와 디지털 세계의 특징 사이의 조화가 디지털 문학이 해결해야 할 숙제라고 언급하고 있다.

한편, 지영래(2020)는 디지털에 익숙한 Z세대 학생들과 교수자 사이의 의사소통과 인식 방식의 차이점을 진단하면서, 여러 측면에서 문학 교육이 디지털에 익숙한 Z세대에게 부족한 깊은 사고와 공감 능력을 회복할 수 있는 방안이라고 강조하고 있다. 정의진(2024)은 타이

포그래피와 같은 시각화 기술이 기존의 언어 사용 방식을 벗어나 프랑스 시에 새로운 의미 생성 및 감각적 효과를 구현할 수 있음을 보여주었다. 그는 이런 방식이 궁극적으로 문자 텍스트, 이미지, 소리 등이 모두 디지털 알고리즘에 의해 하나의 단일 속성으로 생산되면서 결국 디지털 문학이 타이포그래피 문학의 이상을 실현할 수 있는 문학 형식이라고 설명한다.

AI 글쓰기와 창작성

ChatGPT가 처음 등장했을 때, ChatGPT의 '창조적' 글쓰기 능력은 우리에게 충격적이었다. 순수 문학이든 디지털 문학이든 글쓰기는 전적으로 인간의 고유한 영역이었다. 그런데 ChatGPT는 공동 작가의 역할을 할 수 있을 정도로 놀라운 수준의 글쓰기 능력을 보여주고 있다. 예를 들어 ChatGPT는 제시된 키워드나 주제로 글의 초안을 작성할 수 있다. 이러한 기술적 성과는 생성형 AI의 도움을 받으면, 누구나 일정 수준의 문학적 글쓰기를 할 수 있는 시대가 되었음을 시사한다.

최근에 AI를 활용해서 학술 논문이나 업무 문서를 작성하는 사례를 흔히 찾아볼 수 있다. 생성형 AI는 연구자가 학술 논문에 필요한 참고문헌을 조사한다거나 직장인이 업무 수행에 필요한 자료를 찾을 때 도움이 될 수 있으며, 글의 표현을 세련되게 다듬는 과정에서도 AI는 보조 도구의 역할을 할 수 있다. 이 경우에 AI는 독창적 글쓰기를 한다기보다는 인간의 창작 활동을 돕는 보조자 역할을 담당한다.

한편, 문학 글쓰기에서 AI를 공동 작가로 인정할 수 있는가는 또 다른 문제다. 《표준국어대사전》은 '창조'를 '전에 없던 것을 처음으로 만듦' 혹은 '새로운 성과나 업적, 가치 따위를 이룩함'이라고 설명하고 있다. '창조'는 단순히 무엇인가를 만들어 내는 것(make)이 아니라 기존과 다른 새로운 것을 만들어 내는 것(create)이다. 생성형 AI의 글쓰기는 겉으로 보기에는 창의적인 것처럼 보이나, 본질적으로 대규모 언어 모델을 기반으로 하며, 글을 재구성하는 것이지 인간처럼 새로운 것을 독창적으로 만들어 내는 것이 아니다(조준형, 2024). 더욱이 글의 재구성 과정에서 나타날 수 있는 윤리적 문제와 저작권 문제는 AI를 활용한 글쓰기에서 우리가 여전히 경계해야 할 부분이다.

우리는 이미 문학이 디지털 기술을 매개로 현실의 물리적 공간을 넘어 가상 세계에서 다양한 형태로 구현되는 시대를 살아가고 있다. 앞으로 이러한 새로운 형태의 문학은 더욱 확산할 것이다. 그 과정에서 우리는 AI가 창작의 주체가 되어 문학이 기술적 산물로 전락하지 않도록 경계해야 한다. 그리고 디지털 문학은 인간의 고유한 창의적 사유를 확장하고 심화시키는 방향으로 나아가야 할 것이다.

참고문헌

김민수(2023.5.16). "한국디지털문인협회, '챗GPT'가 미칠 문학의 미래 전망한다". 노컷뉴스.
https://www.nocutnews.co.kr/news/5944086

김현 외(2016). 《디지털 인문학 입문》. 휴북스.

도윤정(2018). "문학자료의 정보화에 관한 소고: 알베르 카뮈의 디지털문학관 구축 사례를 중심으로". 《프랑스어문교육》, 62, 215~249쪽.

민진영(2021). "포스트 코로나 시대 알베르 카뮈의 《페스트》에 관한 탐색적 빅데이터 분석". 《The Journal of the Convergence on Culture Technology》, 7(1), 432~438쪽.

민진영(2023). "마르셀 프루스트의 《잃어버린 시간을 찾아서》에 대한 디지털 인문학적 강의 운영 사례 연구". 《The Journal of the Convergence on Culture Technology》, 9(4), 269~275쪽.

안홍진(2022.10.11). "한국디지털문인협회 〈디지털 문학의 미래와 전망〉 학술포럼 개최". 더 피알.
https://www.the-pr.co.kr/news/articleView.html?idxno=49252

유은순·류선정(2024). "디지털 시대의 프랑스 문학 교육을 위한 소고”. 《프랑스어문교육》, 84, 151~187쪽.

이주옥(20255.22). “한국디지털문인협회, ‘제4회 학술심포지엄’ 개최: ‘생성형 AI 기술의 현황과 인문학적 글쓰기’ 주제로 열려”. 문학인신문. https://www.munhakin.kr/news/articleView.html?idxno=5774

전봉관(2000). “디지털 시대의 문학과 그 정체성 문제”. 《한국현대문학연구》, 8, 81~102쪽.

정의진(2024). “프랑스 문학과 뉴미디어 : 타이포그래피, 이미지, 소리의 텍스트적 의미론”. 《불어불문학연구》, 138, 115~138쪽.

조준형(2024). “코퍼스: 인간번역과 기계번역의 매개점”. 《통번역학연구》, 28(1), 151~176쪽.

지영래(2020). “Z세대, 포노 사피엔스, 그리고 프랑스 어문학 교육”. 《프랑스어문교육》, 71, 81~110쪽.

07
AI와 프랑스의 교육 정책

국가 주도의 교육 정책을 중시하는 프랑스는 면밀한 검토를 거쳐 교육 현장에 AI를 도입하기 위한 기본 지침을 마련하였다. 인문주의 원리에 입각한 프랑스의 AI 교육 정책은 기술 중심의 AI 교육을 지양하고, 시민 정신의 함양이라는 공교육의 본질을 견지하고자 한다.

AI와 애니메이션?

프랑스의 공교육 이념

프랑스는 "사립학교를 중심으로 구축되었던 영국이나, 일찍부터 의무 교육이 천명되었으나 각 지역에 따라 분산된 교육 행정 체계를 갖춘 독일 등 다른 서유럽 국가와 비교해 볼 때, 교육에 대한 국가의 통제력이 가장 먼저 확립된 특성을 지닌다"(김정인, 2017). 1789년 프랑스 대혁명은 정치 체계뿐만 아니라 교육 분야에서도 변화를 가져왔다. 혁명기 동안 정립된 공교육 이념은 "모든 시민이 자유롭게 교육받을 수 있는 권리를 법적으로 보장받게 하려는 노력에 의해 시작되었고, 교육을 국가가 책임져야 할 의무로 간주함으로써 가능해졌다"(이경수, 2017).

프랑스 제3공화국 시기에 프랑스 교육부 장관이었던 쥘 페리(Jules Ferry)는 3가지 교육 이념을 확립했다. '쥘 페리법'으로 불리는 이 법률안은 '무상 교육', '의무 교육', '세속 교육'의 세 가지 원칙을 내세우면서 프랑스 공교육 모델을 완성한다(김정인, 2017). 이 중 세속 교육은 종교적 중립성을 내세우면서, 종교적 · 문화적 다양성과 갈등을 빚기도 하지만, 현재까지 차별 없고 평등하게 시민 정신을 교육하기 위한 국가 주도 시스템을 상징한다.

이러한 국가 주도의 공교육 시스템은 새로운 변화에

즉각적으로 대처하기 어렵고, 학생들의 차이를 고려하기 어렵다는 단점이 있지만, 일관성 있게 정책을 추진할 수 있다는 부분은 장점이라고 할 수 있다. 무엇보다도 쥘 페리법에서 제시된 교육 3대 이념이 현재까지 지속적으로 유지되고 있다는 점은 프랑스 교육 시스템의 장점이라고 볼 수 있다.

디지털 기술과 프랑스 교육의 변화

2023년 국제 협력 개발 기구(OECD)는 세계 각국의 디지털 교육(éducation numérique) 생태계 구축 동향과 앞으로의 발전 방향에 대한 정책 보고서를 발간하였다(OECD, 2023). 이 보고서는 학생 정보 시스템, 학습 관리 시스템(LMS), 디지털 평가 플랫폼, 진로 및 직업 상담 시스템 등 디지털 교육 생태계를 구성하는 핵심 요소와 교사의 디지털 역량 활용 수준과 교육 현장에서 AI의 최신 기술 통합 현황을 담고 있을 뿐만 아니라, 신뢰할 만한 디지털 교육 생태계 구축을 위한 정책 방향과 제도적 안전장치들을 제시하고 있다. 이처럼 디지털 기술과 AI의 등장은 기존의 교수-학습 체계에 막대한 영향을 미치면서, 이에 대한 적극적인 대응을 요구하고 있다.

이러한 흐름에 발맞추어 프랑스도 디지털 교육이라는

새로운 변화에 선제적으로 대응하기 위해서 기반 인프라 구축과 교사를 대상으로 한 디지털 연수를 강화하는 등 다각적인 노력을 기울이고 있다.

정보화 시대의 도래 이후 새롭게 등장한 TICE(Technologies de l'Information et de la Communication pour l'Enseignement) 개념은 교육에서 디지털 도구와 정보 통신을 활용하는 것을 목표로 하는 교수법이다(Guichon, 2012). 1985년 당시 프랑스 총리였던 로랑 파비우스(Laurent Fabius)가 발표한 '모두를 위한 정보 교육 계획(plan informatique pour tous)'은 학교 현장에 컴퓨터 도입을 목표로 하는 프랑스 정부 정책으로 정보 사회 도래에 대응하여 컴퓨터 사용법 중심의 교육을 시행하였다.

1990년대 들어 인터넷 보급이 본격화되면서 디지털 기술은 학교 교육의 단순한 도구에서 교수법의 개념으로 인식되기 시작하였고, 컴퓨터 사용법 중심의 초기 정책은 교수-학습 시스템 전반에 디지털 기술을 적용하는 것으로 확대되었다. 특히 코로나 팬데믹 이후 원격 수업이 확대되면서 TICE의 중요성이 더욱 강화되었다.

AI와 디지털 교육 정책

AI는 기존의 디지털 교육에 새로운 도전 과제를 제시하고 있다. 컴퓨터와 인터넷과 같은 디지털 기술이 교수법 자체를 변화시켰다면, AI는 기술적 도구를 넘어 새로운 디지털 리터러시와 윤리 교육의 정립을 요구하고 있다.

AI 분야에서 독자적 역량을 갖추기 위해 2018년부터 시작된 프랑스의 AI 정책은 기술적인 측면뿐만 아니라 관련 분야 전문가와 인재 양성도 포함하고 있다. 이와 함께, 프랑스 정부는 학교 교육에서 AI와 관련된 다양한 교육적 쟁점에 주목하고 관련 지침을 마련하기 시작했다.

2024년 1월 프랑스 교육청소년부(Ministère de l'Éducation nationale et de la Jeunesse)는 지침서 《AI와 교육(Intellignence artificielle et éducation)》을 통해 초·중등 교육에서 AI 활용 가이드라인을 제시했다. 2025년 1월 프랑스 교육·고등교육·연구부(Ministère de l'Éducation nationale, de l'Enseignement supérieur et de la Recherche)는 《AI와 교육》의 적용 대상을 고등교육까지 확대한 개정·증보판을 내놓았으며, 같은 해 2월에는 프랑스 교육 현장의 여러 제안을 반영한 《교육에서의 AI(L'IA en education)》를 추가로 발간하였다.

이러한 AI의 교육적 적용에 관한 지침은 2022년 5월

부터 2024년 1월까지 프랑스 총리를 역임하고, 2024년 총리 퇴임 이후 교육 · 고등교육 · 연구부 장관으로 새롭게 임명된 엘리자베트 보른(Élisabeth Borne)이 주도하고 있다.

주요 쟁점

두 지침서는 공공 정책, 윤리, 적용 영역 등 크게 세 가지 쟁점을 제시하고 있다. 국가 주도 교육 시스템을 견지하고 있는 프랑스는 AI 자체에 대한 부분뿐만 아니라, AI의 교육적 활용에서도 선도적 역할을 목표로 하고 있다.

우선 《AI와 교육》은 AI의 개념과 교육적 활용에 관한 쟁점을 포괄적으로 설명하고 있다. 그리고 AI의 역사와 개념에 관해 기술한 후에, AI의 교육적 활용과 관련된 유네스코, OECD, 프랑스, 유럽연합의 정책 동향과 조치를 소개한다. 이 정책들은 AI가 분명히 교육 혁신을 가져올 도구지만, 주체는 인간이어야 한다는 인문주의적 시각을 바탕으로 한다. 또한, 지침서는 AI가 인간 교사를 대체할 수 없으며, 교사 역량 강화와 학생 중심의 학습 강화를 강조하고 있다.

교육 · 고등교육 · 연구부의 《교육에서의 AI》 지침서는 AI의 교육적 활용에 대한 더욱 구체적인 실천 방안을 담고 있다. 예를 들어, 생성형 AI의 적용이 가능한 학생들의 유형, AI의 구체적인 사용 조건, 교육 현장에서 고려해야 할 요소들, 콘텐츠의 사용 기준, 윤리 기준 등 학교 현장에서 유념해야 할 기준을 제시하고 있다.

《AI와 교육》이 학술적이고 정책적인 종합 보고서라고 한다면, 《교육에서의 AI》는 실천적이고 실무적인 지침서에 해당한다. 프랑스는 이 두 보고서를 통해서 AI가 교육에서 강력한 도구로 역할을 할 수 있다고 하면서도, 무조건적 도입은 경계하고 있다. 보고서는 디지털 기술이 인지 능력 발달에 잠재적 위협이 될 수 있어서 학생들의 연령과 수준에 따른 AI의 제한적 사용을 강조하고 있다. 또한, 학습 평가 신뢰도 저하 및 개인정보 침해 가능성으로 윤리적 · 철학적 · 교육학적 숙고가 필요하다고 주장한다. 현재 우리의 교육 정책에서 초등학교에 디지털 교과서 도입 문제로 많은 논쟁이 일어나고 있는 만큼 프랑스의 정책은 참고할 만하다.

마지막으로, 프랑스는 AI 교육 역시도 공공 교육의 관점에서 바라보고 있으며, 따라서 지침서는 AI를 활용한 교육이 시민성 함양이라는 교육의 본질적 목표를 훼손하지 않도록 하는 윤리적 · 법적 · 환경적 기준도 함께 담고 있다.

참고문헌

김정인(2017). “프랑스 제3공화정 초기 공교육으로서의 초등교육체계의 완성”. 《서양사론》, 132, 141～171쪽.

이경수(2017). “프랑스 평생교육에 대한 소고: 우리 사회의 시사점을 중심으로”. 《비교문화연구》, 49, 201～228쪽.

Guichon, N.(2012). *Vers l'integration des TIC dans l'enseignement des langues.* Didier.

Ministere de l'Education nationale, de l'Enseignement superieur et de la Recherche(2025a). *Intelligence artificielle et éducation. Apports de la recherche et enjeux pour les politiques publiques.* https://edunumrech.hypotheses.org/files/2025/02/MEN_DNE_brochure_IA_2025_FR_web.pdf

Ministere de l'Education nationale, de l'Enseignement superieur et de la Recherche(2025b). *L'IA en éducation: Cadre d'usage.* https://www.education.gouv.fr/cadre-d-usage-de-l-ia-en-education-450647

OECD(2024). *Perspectives de l'OCDE sur l'education numerique 2023: Vers un ecosysteme numerique efficace.* https://www.oecd.org/fr/publications/perspectives-de-l-ocde-sur-l-education-numerique-2023_78afb124-fr.html

08
국내 프랑스어 교육과 생성형 AI

디지털 기술의 발전과 생성형 AI의 등장은 특히 외국어 교육 분야에서 큰 관심을 불러일으켰다. 이 장에서는 디지털 기술과 AI에 의한 교수법의 변화를 살펴보고, 현재 국내 프랑스어 교육 분야에서 디지털 기술 활용의 현황과 앞으로의 과제를 진단한다.

AI와 인재 채용?

디지털 기술에 의한 교수법의 변화

디지털 기술의 발전은 교수법에도 새로운 변화를 불러왔다. 예를 들어, 컴퓨터와 인터넷 등과 같은 정보 기술의 활용, 즉 TICE의 개념은 프랑스어 교육에서 디지털 도구들의 중요성을 강조하고 있다(Barrière, et al., 2011; Guichon, 2012).

디지털 기술과 매체의 발전은 외국어 교육에서 사용되는 회화 교재 및 부속 자료인 오디오 및 비디오와 함께 교수자가 학습자의 흥미를 끌어낼 수 있는 다양한 멀티미디어 자원을 능동적으로 구성할 수 있는 자율성을 부여하였다. 전경준(2002)은 몇 가지 사례를 통해서 프랑스어 교육에서 인터넷 자료 활용의 이점을 보여주었고, 장니나(2012)는 프랑스어 교육에서 컴퓨터를 활용한 원격 교육과 원격 교육에서 멀티미디어 자료 활용의 유용성을 설명하고 있다. 특히 지난 몇 년간 코로나 팬데믹으로 인해 원격 교육과 같은 비대면 교육이 확산하면서 디지털 기술의 교육적 활용은 더욱 중요해졌다(김정연, 2021; 남현숙, 2003; 정인성 · 나일주, 2004).

디지털 언어학과 프랑스어 교육

디지털 도구의 적용은 주로 프랑스어 교육에서 이루어

졌으며, 활용된 디지털 도구는 음성 및 영상과 같은 멀티미디어 유형의 매체가 대부분이다. 이러한 유형의 도구는 프랑스어 교육 이외에 '디지털 문학관' 구축 사례처럼 문학 및 문화 교육에서도 충분히 활용할 수 있다(유은순 · 류선정, 2024).

20세기 중반 코퍼스 기반 연구가 본격적으로 발전하면서 다양한 디지털 도구들이 개발되었고, 이를 프랑스어 교육에 활용하고자 하는 연구가 진행되었다(Bennett, 2010; Detey, et al., 2011; Flowerdew, 2012). 국내에서 전문 디지털 도구들을 활용한 언어 교육 연구는 주로 한국어와 영어 관련 분야에서 이루어졌으며, 프랑스어 관련 분야에서는 디지털 언어학처럼 김명관(2012, 2014)과 조준형(2020, 2022, 2023) 등의 일부 연구자를 중심으로 제한적으로 수행되었다. 이러한 현상은 국내 프랑스 언어학 연구 동향과 밀접한 관련이 있다. 국내 프랑스 언어학에서는 여전히 이론 중심의 연구 풍토가 지배적이고, 연구 환경에 의한 높은 진입 장벽으로 타 언어권에 비해서 코퍼스 기반 프랑스어 연구자가 상대적으로 부족하다. 이러한 상황이 디지털 프랑스어 교육이 부진한 주요 원인 중 하나로 지적될 수 있다.

생성형 AI의 교육적 수용

ChatGPT의 등장 이후, 교육 분야에서 책 제목에 '교육 혁명', '미래 교육' 등의 표현이 포함된 서적들이 줄지어 출판될 정도로 생성형 AI의 교육적 활용에 관한 관심이 고조되었다. 물론 이러한 영향이 몇몇 교육 도서의 제목에 포함된 '혁명'이라는 표현에 비견될 정도로 획기적인지 많은 연구가 필요한 것이 사실이다. 그러나 AI의 장단점에 대한 다양한 견해를 고려하면 ChatGPT가 현재의 교육에 직간접적으로 영향을 미치고 있는 것은 틀림없다.

특히 대규모 언어 모델을 기반으로 인간이 사용하는 자연어를 사용해서 인간의 질문에 답을 제시하는 ChatGPT는 다양한 응용 가능성을 내비쳤다. 문형남(2023)은 교육 현장에서 생성형 AI가 개별 학습 지원, 창의적인 쓰기 활동, 실시간 질의응답, 언어 교육, 학습 자료 생성 등 다양한 차원에서 도움이 될 수 있다고 말하고 있다. 생성형 AI는 음성과 영상을 스스로 만들어 내고, 문장 분석을 수행하거나 관련 자료를 찾아줄 수 있다. 이러한 측면에서 이전의 디지털 기술과는 차별화되는 기능을 가진 생성형 AI는 창의적 학습 도구로 평가받고 있다(변문경 외, 2023).

교육에서 생성형 AI 활용에 관한 관심이 높아지면서, 'AI와 교육'을 주제로 한 전문 서적 출판뿐만 아니라 연관 학회의 학술대회에서도 이와 관련된 주제를 다루는 등 생성형 AI에 대한 인문학자들의 관심이 확대되었다. 예를 들어 《인공지능 기술 활용 언어 교육》(2022)과 《ChatGPT 인공지능 융합 교육법》(2023) 등은 AI가 가져올 미래 학습 환경의 변화를 조망하고, 우리가 일상에서 흔히 사용하는 어플리케이션을 활용한 교수자와 학습자 간의 상호작용, VR를 활용한 교육, 언어 교육에서 챗봇의 활용 등 진일보한 디지털 교육 형태를 제시하고 있다.

국내 어문학 학술 단체의 학술대회와 관련해서는 프랑스어문교육학회의 〈디지털 및 인공지능을 이용한 프랑스어문교육〉(2023년 가을 정기 학술대회), 한국통역번역학회의 〈챗GPT 시대의 통번역 교육〉(2023년 가을 정기 학술대회)과 같이 직접적으로 AI를 주제로 한 학술대회뿐만 아니라, 한국번역학회의 〈대전환시대, 학문으로서의 번역학 재검토〉(2023년 가을 정기 학술대회) 등과 같이 연관된 주제를 다루는 학술대회들이 개최되는 등 이 분야에 대한 연구자들의 높은 관심도를 확인할 수 있다.

프랑스어 교육 영역

김연주(2023)가 지적하고 있듯이, 국내 프랑스학 분야에서 생성형 AI의 교육적 활용에 관한 연구는 타 분야에 비해 상대적으로 미진한 것이 사실이다. 일부이긴 하지만, 연구자들의 연구 내용을 살펴보면, 프랑스학에서 바라보는 AI의 교육적 활용도 프랑스처럼 인문주의적 시각을 바탕으로 하고 있음을 확인할 수 있다.

김희경(2023)은 기술 발전에 따른 프랑스어 교육의 변화를 논의하면서, ChatGPT 활용은 AI가 제시하는 답에 대한 비판적 수용 태도가 필요하므로 학습자의 디지털 리터러시 역량 개발이 중요하다고 강조한다. 윤현(2024)은 프랑스어 교육에서 대화 상대로 ChatGPT의 활용 가능성을 탐구하였다. 그는 ChatGPT가 학습자와의 상호작용을 통해서 인간 교수자와 유사한 맞춤형 학습 환경을 제공할 수 있지만 질문 방식에 따라서 답이 달라지고 답의 진실성을 보장하기 어렵다고 지적하면서, 학습 과정에서 교수자의 역할이 강화되어야 한다고 언급한다. 한편, 튀뵈프(Tuboeuf, 2024)는 기초 수준의 프랑스어 회화 수업에서 ChatGPT를 사용하면서 그 가능성을 검증해 보았다. 튀뵈프도 ChatGPT가 보조 도구로는 유용하지만, 윤현의 연구처럼 ChatGPT의 불확실성으로 교수자의 개입이 매우 중요하다고 결론짓고 있다.

프랑스어 교육 분야에서 연구자들은 대체로 AI의 교육적 활용에 긍정적 시각을 가진다. 그러나 동시에 학교 현장에서 AI를 효과적으로 활용하기 위해서는 교수자와 학습자의 역량 강화가 중요하다고 강조하면서 AI의 무조건적인 수용을 경계하고 있다. 현재 생성형 AI는 급속도로 진화하고 있고, 연구와 교육뿐만 아니라 실생활에서도 이를 적용한 사례들이 매우 빠르게 증가하고 있다. 따라서 국내 프랑스학 관련 연구자도 학생들의 미래 성장을 위해서 디지털 기술과 AI를 활용한 교육에 관해 적극적인 태도를 가질 필요가 있다.

참고문헌

김명관(2012). "프랑스어 학습에서 코퍼스의 역할". 《프랑스학연구》, 61, 73~97쪽.

김명관(2014). 《텍스트 코퍼스 기반 프랑스어 교육》. 한국문화사.

김연주(2023). "프랑스학 교육 분야의 디지털 학습지원 매체 활용에 관한 연구". 《Journal of the convergence on culture technology》, 9(5), 685~695쪽.

김정연(2021). "전문번역 원격교육 사례연구". 《프랑스어문교육》, 73, 7~37쪽.

김주혜 외(2022). 《인공지능기술 활용 언어교육: 기계번역, 챗봇, 메타버스, 자연어처리, 음성처리》. 교육과학사.

김희경(2023). "외국인을 위한 프랑스어 교육FLE의 방향성 고찰:

기술 기반 외국어 교육을 중심으로". 《프랑스학연구》, 101, 129~154쪽.
남현숙(2003). "온라인 학습을 위한 웹의 특성 활용". 《한국프랑스학논집》, 43, 51~68쪽.
문형남(2023.8.25). ""생성형AI, 교육현장서 활용 효과 높다" … 교육분야 유망기술로 부상". SDG 뉴스. http://www.sdgnews.net/news/articleView.html?idxno=44976
변문경 외(2023). 《ChatGPT 인공지능 융합 교육법》. 다빈치books.
유은순·류선정(2024). "디지털 시대의 프랑스 문학 교육을 위한 소고". 《프랑스어문교육》, 84, 151~187쪽.
윤현(2024). "온라인 상호작용을 위한 대화상대로서 ChatGPT의 활용 가능성에 관한 소고: 유럽언어공통참조기준 보충판의 온라인 상호작용 능력기술문에 기초하여". 《프랑스어문교육》, 85, 7~36쪽.
장니나(2015). "컴퓨터 활용 프랑스어 교육". 《프랑스어 교육학》, 387~427쪽. 신아사.
전경준(2002). "외국어-불어 교육을 위한 인터넷 자료 활용에 관한 연구". 《프랑스어문교육》, 14, 89~111쪽.
정인성·나일주(2004). 《원격교육의 이해》. 교육과학사.
조준형(2020). "빅데이터로서의 웹 코퍼스를 활용한 프랑스어 작문 교육". 《프랑스어문교육》, 68, 97~121쪽.
조준형(2022). "프랑스어 교육에서 코퍼스 기반 유의어 동사의 맥락 분석의 유용성에 관한 연구: apporter/emporter, amener/emmener, joindre/rejoindre를 중심으로". 《프랑스어문교육》, 78, 65~92쪽.
조준형(2023). "프랑스어 시간 명사 교육을 위한 코퍼스 기반 기술적 탐색 사례: an/année, jour/journée, matin/matinée,

soir/soirée를 중심으로". 《프랑스어문교육》, 82, 103~137쪽.

Barrière, I. et al.(2011). *Les TIC, des outils pour la classe*. Presses universitaires de Grenoble.

Bennett, G. R.(2010). *Using CORPORA in the language learning classroom: Corpus linguistics for teachers*. The University of Michigan Press.

Detey, S. et al.(2011). De l'enseignement des variétés avec corpus à la formation à la variation sur corpus: des outils pour le français parlé. In Bertrand, O. & Schaffner, I.(eds.). *Variétés, variations et formes du français*, pp.407~427. Editions de l'Ecole Polytechnique.

Flowerdew, L.(2012). *Corpora and language education*. Palgrave Macmillan.

Guichon, N.(2012). *Vers l'intégration des TIC dans l'enseignement des langues*. Didier.

Tuboeuf, N.(2024). Quelle place accorder à ChatGPT dans le cadre d'un cours de conversation de niveau A2?. 《프랑스어문교육》, 86, 63~88쪽.

09
생성형 AI와 학습자의 디지털 리터러시

디지털 기술과 AI의 발전은 역설적으로 '디지털 문맹'이라는 새로운 사회 문제를 야기하고 있다. 특히, 디지털 환경에 익숙한 학생들의 문해력 저하는 심각한 사회 문제가 되고 있다. 학생들이 디지털 텍스트를 효과적으로 이해하고 활용하기 위해서는 디지털 리터러시 역량 강화를 위한 체계적인 교육이 요구된다.

AI와 기자?

문해력

리터러시(literacy), 즉 문해력은 글을 읽고 쓰는 능력을 말한다. 그렇지만 문해력을 단순히 글을 읽고 쓰는 능력으로만 이해한다면, 매우 단순한 생각일 수 있다. '텍스트'는 단어의 산술적 조합이 아니라, 이를 구성하는 기호들의 상호작용을 통해서 의미를 만들어 내는 기호 작용의 산물이다. 우리가 텍스트의 의미를 제대로 이해하기 위해서는 텍스트에 사용된 기호들 각각의 개별 의미뿐만 아니라 다른 기호들과의 관계 속에서 나타나는 이차적 의미도 인지해야 한다.

학자에 따라 정의는 다르지만, 현대 기호학에서 '텍스트'는 "글로써 작성된 산물들만을 가리키지 않는다. 그것은 세상의 의미 있는 실체들을 모두 가리킨다"(김석근, 2018). 다시 말해서, 텍스트는 한 인간 공동체가 끊임없이 엮어내는 사회 · 문화적 담론이라고 할 수 있다.

이러한 관점에서, 우리가 텍스트를 읽는다는 것은 텍스트를 구성하고 있는 문자의 사전적인 정의를 읽는 것이 아니다. 예를 들어, 문학 텍스트를 온전히 읽기 위해서는 작가, 시대, 배경, 등장인물 등 작품을 구성하는 다양한 요소들을 종합적으로 살펴야 한다. '문화'라고 하는 텍스트도 그렇다. 현재 전 세계적으로 유행하는 한류도

그 원인을 이해하지 못하면 설명할 수 없다. 표층적 현상과 심층적 맥락을 함께 탐구하는 것, 그것이 진정한 의미의 문해력이며, 우리가 학교 교육 현장에서 학생들에게 강조해야 할 핵심 역량이다.

디지털 리터러시

'디지털 리터러시(digital literacy)'는 컴퓨터와 같은 디지털 도구를 사용할 수 있는 능력을 가리킨다. 글리스터(Glister, 1997)는 디지털 리터러시를 "컴퓨터를 통해서 여러 출처에서 찾은 다양한 형태의 정보를 이해하고 사용하는 능력"으로 정의한다. 글리스터의 정의는 정보화 시대에 컴퓨터와 인터넷의 사용 빈도가 높아지면서 구글과 네이버 같은 검색 엔진을 사용해서 디지털 정보를 수집하고, 수집된 자료를 가치 있는 정보로 체계화하는 것이 중요하다는 점을 강조한다.

컴퓨터와 인터넷이 보급되기 이전에 정보의 출처는 방송이나 신문과 같은 매체와 출판된 서적이었다. 학교 교육에서도 교과서와 참고서 같은 출판 서적이었다. 여기서 정보의 선택권은 매우 제한적이었으며, 정보의 전달은 일방적인 특징을 가진다. 반면에 1970년대에 나타난 제3차 산업혁명은 정보의 성격을 바꾸었다. 무엇보다

1990년대부터 인터넷이라는 디지털 도구의 확산은 텍스트의 유형을 아날로그 방식에서 디지털 방식으로 전환하는 데 큰 영향을 미쳤다.

제3차 산업혁명은 단순히 디지털 텍스트의 확산만을 의미하는 것이 아니다. 텍스트의 생산, 유통, 수용 전반에 걸쳐 근본적인 변화를 불러왔으며, 인문학적 담론에도 영향을 미쳤다. 한정된 텍스트 생산자에서, 개인이든 집단이든 누구나 시공간적 제약 없이 무한으로 디지털 텍스트를 생산할 수 있게 된 것이다. 이제 우리는 선별된 텍스트가 아니라 무한의 텍스트를 접하게 되었고, 그 속에서 필요한 정보를 찾아야 한다.

디지털 시대에 우리는 '디지털 문맹(digital illiteracy)'이라는 표현을 듣는다. 특히 디지털 도구에 낯선 노년층에서 무인 단말기를 사용하지 못해 일상생활에 불편함을 겪는 사례처럼 오늘날 디지털 문맹은 매우 심각한 사회 현상이 되고 있다. 그러나 디지털 문맹은 첨단 도구 사용의 어려움에 그치지 않고 정보 격차라는 더 심각한 사회 문제를 불러일으킨다.

정보화 시대에 정보는 매우 중요한 자산으로 여겨졌으며, 제4차 산업혁명 시대인 오늘날에는 그 중요성이 더욱 증대되고 있다. 현대 사회는 올바른 정보를 수집하고 이를 바탕으로 새로운 지식을 창출할 수 있는 능력을 요구하며, 이것이 곧 디지털 리터러시의 핵심 개념으로 볼 수 있다. 그러나 디지털 도구에 대한 친숙함이 반드시 디지털 리터러시 역량으로 이어지는 것은 아니다.

최근 학생들의 문해력 저하에 대한 논평과 언론 보도를 자주 접할 수 있는데, 주요 원인으로 영상에 익숙해진 MZ 세대들의 독서력 저하를 문제 삼고 있다(김규인, 2025; KBS, 2025). 독서는 "정보를 받아들이는 수동적 과정일 뿐만 아니라 정보를 선별하고 수용하고 가공하고 응용해서 종합하는 능동적, 창조적 과정"이다(김재인, 2023). 디지털 도구에 대한 친숙함이 오히려 젊은 세대들에게 독서의 질적 저하를 가져오고, 그들의 문해력 저하로 이어질 수 있다는 우려가 교육 분야와 사회 천반에서 점차 확대되고 있다.

정보 시대의 핵심 역량, 디지털 리터러시

정보화 시대에 디지털 자료 수집의 주체는 인간이다. 제품을 구매하거나 정보를 얻기 위해서 인간 사용자가 직접 인터넷에 접속해서 검색하고, 검색 결과를 살펴보고, 필요한 정보를 선별하고 정리한다. 이때 검색 엔진은 사용자가 정확하고 유효한 정보를 얻을 수 있도록 몇 가지

연산자를 제공한다. 예를 들어, '+', '-', 'OR', "site:"와 같은 검색 연산자를 숙지하고 있으면 필요한 정보를 훨씬 정확하게 추출할 수 있다. 연산자 없이 검색하면, 사용자는 불필요하거나 허위 정보가 포함된 결과를 얻을 가능성이 높아지고, 이러한 쓰레기 정보를 선별하기 위해서 많은 시간을 사용하게 된다.

코퍼스 기반 연구에서도 연구자가 코퍼스에서 신뢰성 있는 언어 자료를 추출하기 위해서는 검색 기준을 세밀하게 설정해야 하며, 그렇지 않으면 결과는 타당성을 잃게 된다. 이처럼 디지털 리터러시는 방대한 디지털 지식을 담고 있는 인터넷에서 정확하고 신뢰할 수 있는 정보를 선별하기 위한 기본 역량이다.

오늘날 디지털 시대에서는 디지털 도구를 다룰 수 있는 기술과 자료를 선별하기 위한 정보학적 지식이 필수적이다. 특히 다루어야 할 디지털 정보의 유형이 다양해지면서 이를 이해하고 활용하는 데 필요한 디지털 리터러시는 디지털 사회의 핵심 역량으로 주목받고 있다.

디지털 리터러시에서 AI 리터러시로

디지털 정보 유형이 다양해지면서 디지털 리터러시, 미디어 리터러시 등 문해력도 각 유형에 맞게 다변화되고 있다. 텍스트가 디지털로 전환되면서 문해력이 디지털 리터러시로 확장되었듯이, 미디어 분야에서도 전통적인 미디어 유형에서 벗어난 가상 디지털 미디어가 출현하면서 미디어 리터러시 개념이 등장하였다(강승한, 2024).

이제 우리는 AI의 시대를 살아가고 있다. AI의 발전은 단순한 기술적 혁신을 넘어, 이를 제어하고 활용하는 우리의 역량에도 변화를 요구한다. 특히 생성형 AI의 등장은 디지털 리터러시의 기본 개념 이상의 확장된 리터러시, 즉 저작권, 윤리 등과 같은 확장된 리터러시 개념을 필요로 한다(조준형, 2025; 최재현, 2023).

디지털 자료 검색에서 검색 조건은 인간이 제시하지만, 최종 결과물은 AI가 자체적으로 가공해서 생성한다. 인간은 원천 자료를 직접 참조하지 못하고 AI가 제공한 최종 결과물만으로 정보의 가치를 판단해야 한다. 이처럼 생성형 AI는 디지털 정보의 선별과 가치 판단에서 인간을 한발 물러선 위치에 놓이게 한다. 따라서 디지털 정보 처리 주도권의 변화로 인간이 AI에 종속되지 않으려면, AI가 신뢰할 만한 답을 제시하고, 윤리적 기준에 부합하는 글을 쓸 수 있도록 세심하게 조율하는 인간의 역할이 그만큼 중요하다. 인간이 디지털 정보의 주체로 남는 것, 그것이 학교 교육에서 학습자에게 가르쳐야 할 인공지능 리터러시의 핵심 개념이어야 할 것이다.

참고문헌

강승한(2024). "인공지능 시대, 미디어 리터러시 재개념화: 비판적 역량을 중심으로". 《예술과 미디어》, 23(1), 7~31쪽.

김규인(2025.7.27). "문해력, 책 읽는 사회가 되어야". 경북매일. https://www.kbmaeil.com/article/20250726500018

김석근(2018). 《기호학 원론》. 경상대학교출판부.

김재인(2023).. 《AI 빅뱅: 생성 인공지능과 인문학 르네상스》. 동아시아.

조준형(2025). "프랑스 언어학 교육에서 생성형 인공지능 활용을 위한 학습자의 디지털 리터러시에 관한 고찰". 《한국프랑스학논집》, 129, 149~174쪽.

최재현(2023). 《AI 리터러시: ChatGPT시대에 필요한 문해력》. 열린 인공지능.

KBS(2025.7.22). "'이부자리'는 '이모부 자리'? … 초등생 문해력 '심각'". https://news.kbs.co.kr/news/pc/view/view.do?ncd=8309701&ref=A

Glister, P.(1997). *Digital literacy*. Wiley Computer Publishing.

10
AGI와 프랑스 어문학의 미래

AI의 기술적 발전은 가까운 미래에 인간의 사유 능력을 갖춘 AGI의 등장을 예고한다. 우리는 영화에서 묘사되는 비관적 AI의 세계를 상상할 필요는 없다. 기계가 아닌 인간 주도의 AI 유토피아를 그려가기 위해서 서양 인문학의 중추로 자리해 온 프랑스 어문학은 인문주의적 철학을 바탕으로 한 AI 세계를 구축하는 데 핵심적인 역할을 할 수 있다.

AI와 미래 의사?

AI에서 AGI로

AI는 기능과 목적에 따라서 약인공지능(weak AI 혹은 narrow AI), 강인공지능(strong AI), 범용 AI(AGI, Artificial general intelligence)로 구분된다(AI Edutom, 2024; Russell & Norvig, 2021). 현재 우리가 사용하는 AI는 모두 약인공지능에 속하며, 강인공지능 및 범용 AI에 속하는 유형은 아직 존재하지 않는다고 한다. 약인공지능은 특정 목적을 수행하도록 설계된 AI로 학습 데이터와 알고리즘을 바탕으로 특정 영역에 높은 효율성을 보여주는 AI다. 예를 들어, 기가 지니나 시리는 음성 인식 시스템을 통한 비서 역할을, DeepL 혹은 구글 번역기는 자동 번역에, ChatGPT는 언어 모델을 기반으로 글쓰기, 대화, 요약, 번역 등을 수행한다. 4.5 버전부터 추론 능력을 갖추어 매우 발전된 AI로 생각할 수도 있는 ChatGPT도 약인공지능에 속한다. 생성형 AI는 근본적으로 대규모 언어 모델을 기반으로 한 학습에 의해서 글쓰기 및 추론을 수행하는 것이지, 인간처럼 자율적 사고를 할 수 없고, 감정을 느낄 수도 없기 때문이다.

이 책을 집필하는 동안에도 필자는 매일 여러 매체에서 생성형 AI의 기술 발전에 관한 소식을 접했다. 생성형 AI는 이미 텍스트, 그림, 영상 등 사용 목적에 따라서 분화된 기능을 하나로 통합하는 방향으로 기술 개발이 진행되고 있다. 최근 OpenAI는 추론형과 비추론형 두 가지 방향으로 개발해 오던 ChatGPT를 하나로 통합한 ChatGPT 5.0 버전을 공개했다(이데일리, 2025). AI의 사고 패턴이 이제 인간과 거의 유사해졌음을 보여준다. 이러한 기술적 진화는 AI가 특이점에 도달하는 순간이 머지않았음을 시사하는 것일지도 모른다.

AGI와 어문학의 위축

생성형 AI의 출현 이후 어문학 분야가 가장 많은 영향을 받은 이유는 생성형 AI가 언어 모델을 기반으로 하며, 어문학은 분야에 상관없이 언어를 매개로 연구, 교육, 창작이 이루어지기 때문이다.

그런데 현재의 AI는 겉으로는 창의적 글쓰기를 수행하는 것처럼 보이지만, 사실은 대규모 언어 모델을 기반으로 문장 패턴을 학습하고 이를 '재구성'할 뿐이다(김재인, 2023). 교육 과정의 단계가 높아지면서 인간의 표현력이 향상되는 것처럼, 빅데이터에서 초빅데이터로 학습 데이터의 크기가 증가하면서 생성형 AI의 표현력이 향상되는 것이다.

인간도 교육과 개인적 경험을 통해서 글쓰기를 위한

다양한 지식을 습득한다. 어떠한 사전 학습 활동 없이 바로 글쓰기를 할 수는 없다. 그럴 경우, 글쓰기는 내용을 이해하기 어려운 중구난방이 될 가능성이 매우 높다. 또한 인간은 충실한 글쓰기를 위해서 언어적 지식뿐만 아니라 문화와 같은 비언어적 지식도 필요하다. 관용어 표현, 언어적 비유, 문학 텍스트의 심층적 이해에는 해당 언어가 속한 문화적 배경에 관한 이해가 필요하다. 외국어 교육에서 언어뿐만 아니라 해당 문화에 대한 교육이 강조되는 이유다.

"ChatGPT는 실수를 할 수 있습니다. 중요한 정보는 재차 확인하세요"라는 ChatGPT 프로그램 하단에 각인된 문구는 결국 현재 단계의 ChatGPT가 가진 글쓰기의 한계를 직접적으로 보여주고 있다. 따라서 우리가 글을 쓸 때, 특히 예술적 창작 행위를 할 때, 생성형 AI에게 예술적 상상력이나 창의적 사유를 기대하기는 어렵다. AI는 글쓰기의 '주체'가 아니라 '도구'로 고려해야 할 것이다(김재인, 2023).

강인공지능 혹은 범용 인공지능은 인간과 동등한 수준의 초지능을 갖춘 AI다. 기계가 언어 모델 학습에만 의지하지 않고 스스로 학습하며 인간처럼 사유할 수 있게 된다면, 인간은 창작에서조차 기계와 경쟁해야 한다. 그런데 지식의 양과 습득 속도에서 이미 기계는 인간의 능력을 넘어섰으며, 상상력과 창의성도 점차 AI가 구현할 수 있는 영역으로 인식되고 있다. 문법 오류 교정과 문체 수정과 같은 글쓰기의 형식적인 측면뿐만 아니라, 이해와 해석과 같은 질적인 측면까지 기계에 의존하게 된다면, 어문학의 가치는 심각하게 위협받게 될 것이다. 그리고 학교 교육에서도 프랑스 어문학을 비롯한 모든 어문학은 인문학의 주변부로 밀려날 수도 있다. 신춘문예에서 AI가 응모자가 되거나 심사자가 되고, AI가 공쿠르상(prix Goncourt)을 받고, AI가 쓴 시와 소설이 교과서에 실리는 장면을 우리는 상상해야 한다.

AGI의 유토피아 혹은 인간의 유토피아

AI가 어문학을 지배한다는 사실은 단순히 학문적 위기에 그치지 않는다. 그것은 언어를 매개로 하는 인간의 자율적 · 독창적 사유 능력이 상실될 수 있다는 위험을 내포한다.

현재 젊은 세대의 심각한 문해력 저하를 가져오는 주요 원인 중 하나가 독서의 질적 저하다. 디지털 환경 변화로 우리는 긴 호흡의 독서보다는 짧고 단편적인 읽기에 익숙해지고 있고, 그 결과 심층적이고 비판적인 사고

보다는 정보 습득 위주의 겉핥기식 독서가 늘어나고 있다. 비판적 사고의 위축은 우리 사회에 존재하는 수많은 담론에 대한 가치 판단을 어렵게 만들고, 결국 우리는 주체적 존재가 아닌 수동적이고 순응적인 존재로 전락할 수 있다.

필자는 영화 〈스타워즈〉에 등장하는 안드로이드 C-3PO가 어떤 종류의 인공지능에 해당하는지 궁금해서 ChatGPT에게 질문을 던졌다. 그러자 ChatGPT는 C-3PO가 주로 언어 번역 및 외교 보조 등 특정한 목적으로 사용되고, 창의적 판단은 영화의 주인공에 의존하기 때문에 강인공지능에 근접하는 약인공지능이라고 답하였다. 그런데 영화 〈터미네이터〉의 '스카이넷'에 대해 동일한 질문을 했을 때, ChatGPT는 "강인공지능(Strong AI)을 넘어서, 초지능(Superintelligence) 또는 자율적 AGI의 위험한 사례로 간주됩니다"라고 답하였다. 여기서 필자는 '자율적 AGI의 위험한 사례'라는 표현에 주목하였다. 단순히 영화의 내용 때문만이 아니라, 미래의 기술 발전이 초래할 수 있는 불확실성과 위험성의 상징일 수도 있기 때문이다. 그리고 영화 〈그녀〉의 사만다가 자신의 존재적 진화를 위해 주인공 테오도르를 떠났을 때, 테오도르가 겪게 되는 상실감은 어쩌면 스카이넷의 물리적 폭

력성보다 더 심각한 인간의 정신적 · 존재론 위기를 예견하는 것일 수 있다.

언제가 될지는 확신할 수 없지만, AI가 만들어 낼 유토피아를 비판 없이 수용하는 것은 위험하다. AI로 그려지는 미래는 기계가 주도하는 유토피아가 아닌, 인간의 존엄성을 높이는 방향으로 이어져야 한다. 그렇지 않으면, 우리는 영화 〈월-E〉의 우주선 액시엄 속의 인간처럼 기계가 설계한 사회관계망 속에서 단순한 구성품으로 남게 될지도 모른다.

AI 시대에 프랑스 어문학의 역할

AI의 출발은 분명 '인간 지능의 모방'이지 '인간의 지배'가 아니다. 현재 인간 뇌 연구는 의학적, 생물학적 연구에만 국한되지 않고 인문, 사회, 공학 등 융합적 연구로 확대되고 있으며, 이러한 흐름은 AI 연구에도 적용될 것이다.

여전히 AI는 세계에 대한 독립된 사유를 할 수 없으며, 범용 인공지능이 현실화한다고 하더라도 윤리적 판단, 기호 해석, 언어적 의미 구성 등 어문학의 핵심 원리를 바탕에 두어야 한다. 언어와 문학의 상징 · 의미 해석은 수학적 연산과 언어 모델로 완전히 환원될 수 없는 인간

정신의 고유한 작용이기 때문이다. 초지능을 갖춘 AI라고 하더라도 인간에 위협적인 기계가 되지 않도록 하려면, 결국 인간의 어문학적 사유의 틀을 따르도록 해야 한다. 여러 차례의 산업혁명은 인간의 삶을 편리하게 만들었지만, 동시에 사회적 부작용을 초래한 것도 사실이다. 그 과정에서 어문학은 언제나 그러한 사회 부작용을 알리고 이를 극복하는 데 중요한 역할을 담당해 왔다.

AI 기술의 발전은 어문학의 위축을 가져오는 요인으로 작용할 수도 있다. 그러나 "AI의 지식은 학습을 통해 넓어질 뿐 깊어질 수 없다. 인간만이 사유와 땀을 통해 깊어진다"는 고명환(2024)의 말처럼, AI는 인간의 존재적 가치를 탐구하는 어문학의 가치와 위상을 재정립할 수 있는 계기가 될 수 있다.

현재 국내 프랑스 어문학은 여러 측면에서 어려움을 겪고 있다. 그러나 역사적으로 서양 인문학에서 프랑스가 차지해 온 위상을 고려하면, AI는 국내 프랑스 어문학이 현재의 난관을 극복할 수 있는 새로운 기회가 될 수도 있다. 이를 위해서 국내 프랑스 학계 전반에서 AI 기술과 접목한 인문적 쟁점들에 대한 심도 있는 논의와 학문적 실천이 있어야 할 것이다.

참고문헌

고명환(2024). 《고전이 답했다: 마땅히 살아야 할 삶에 대하여》. 라곰.

김재인(2023). 《AI 빅뱅: 생성 인공지능과 인문학 르네상스》. 동아시아.

이데일리(2025.8.8). “오픈AI, 신형 AI ‘GPT-5’ 출시… 코딩·글쓰기 능력 대폭 향상”.
https://www.edaily.co.kr/News/Read?newsId=01295606642265352&mediaCodeNo=257&OutLnkChk=Y

AI Edutom(2024.7.15). “AI의 종류는? 약 인공지능 / 강 인공지능 / 초 인공지능에 대한 이해”.
https://blog.naver.com/theimc2104/223513403081

Russell, S. J. & Norvig, P.(2021). *Artificial intelligence: A modern approach*. Pearson. 류광 옮김(2021). 《인공지능: 현대적 접근방식》. 제이펍.

조준형

경상국립대학교 불어불문학과 부교수다. 파리3대학에서 언어학 박사학위를 받았다. 학술지 《통역과 번역》 편집위원장을 역임했고, 다수 학회의 임원으로 활동하고 있다. 주요 역서로 《사이버 문화》(공역, 2000), 《누스페어》(공역, 2003), 《번역》(2020) 등이 있으며, "번역 연구에서 웹 코퍼스의 유용성과 한계"(2019), "불한 번역 교육에서 웹 코퍼스 및 분석 도구의 활용: BootCat과 Sketch Engine"(2021), "코퍼스: 인간번역과 기계번역의 매개점"(2024), "프랑스 언어학 교육에서 생성형 인공지능 활용을 위한 학습자의 디지털 리터러시에 관한 고찰"(2025) 등의 학술 논문을 발표하는 등 디지털 언어학과 교육에 관심을 두고 연구하고 있다.